悟りと解脱

宗教と科学の真理について

玉城康四郎

法蔵館文庫

本書は一九九〇年九月二〇日、法藏館より刊行された。

目次

【第Ⅰ部】

悟りと解脱

宗教と科学の真理について

第Ⅰ部

第一章　解脱への道

本稿に論述したことは、ブッダの禅定を体得するということが大前提となっている。従ってどうしても、最初にそのことに触れないわけにはいかない。

禅定とは坐禅のことである。坐禅は、結跏趺坐である。右の足を左の股の上におき、左の足を右の股の上におく。次に右の手を左の足の上におき、左の手を右の掌におき、左右の親指をかるく合わせる。そして、姿勢を正し、呼吸を調え、心を呼吸に集中する。やがて、頭も心も魂も、そして体も、全人格体が一体となり、ひとかたまりとなって坐るのである。

私は、若い時から、生きているということの不安に悩み、おびやかされ、そのために禅宗の老師について坐禅を行じ始めた。しかし坐禅は単純なものではない。坐れば坐るほど、迷いに迷いを重ね、ますます暗雲に包まれ、悩みは深くなるばかりであった。だからといって、坐禅を止めることもできず、むしろ逆に、懸命になって坐禅に専心しつつ数年を過ぎた。

もう何もかも行き詰まって、どうしようもなくなったある日、突然、大爆発、木端微塵、茫然自失した。どれだけ時間が経ったか分からない、ハッと我に帰った瞬間に、腹底からむくむくと歓喜が燃え立ち、全身を包んだ。これこそ、長いあいだ求めに求めてきた解脱であり、手の舞い足の踏む所を知らなかった。

この状態は一週間くらい続いたであろうか。しかし、十日あまり経つと、次第に興奮状態から覚め、やがて元の木阿弥に戻った。以前と変わらぬただの人間、我執はおこり、煩悩には悩まされる。いったいこれはどうしたことか、あれは幻覚だったのか、それとも錯覚か、いくら考えても厳然たる事実であったことに変わりはない。

私はますます坐禅に専念する外はなかった。すると、一月くらい過ぎた頃、また同じことがおこった。以前のように大爆発ではないが、あたかも古桶の底が外れて、なかのあくたもくたが流れ去ったように、私の全人格体はからりと晴れ上がった。大小の違いはあるが、以前の大爆発と、本質的には同じである。しかし、これも数日にして元の木阿弥である。こうしたことを何回も操りかえしているうちに、日本は太平洋戦争に突入したのである。

私は召集を受け、軍務に服し、やがて終戦を迎え、戦後の自分に帰った。そして老師について公案禅を習いつづけていた。丁度五十歳になったある日、私はハッと気づいたのである。それは、意識の奥の、さらにその奥の無意識のなかに、手つかずのままの我塊（自我のかたまり）が蟠居していたのである。私は愕然とした。もしこのまま公案禅を続けていたら、この我塊はついに未解決のままに終わるであろう。これは一大事である。私は老師にこの事情を話し、許しを受けて禅定に訣別した。そしてブッダの禅定を学び始めたのである。

ブッダの禅定は、非常に分かりやすく、かつ行ずる上できわめて合理的である。この禅定を続けて十年近く経った頃、私は初めてパーリ語経典のなかで、ブッダの開悟直後の第一声に遭遇したのである。それは、「ダンマがブッダ自身に顕わになる」ということである。ダンマはパーリ語で、サンスクリット語ではダルマ、漢訳では法である。しかし、ダンマとは、そういう言葉ではなく、まったく形のない、いのちの中のいのち、いわば純粋生命とでもいう外はない。寿そのものである。

私は、ブッダのこの第一声に触れて、初めてこれまでの大爆発、そして歓喜の意味を知ることができた。それはまさしく「ダンマが私自身に顕わになった」のである。これは私にとって大きな開眼であった。その時、すでに私は六十近くになっていた。

六十歳で東京大学を定年となり、仙台の東北大学に移り、定年まで三年を過ごした。その間に、ブッダから業熟体について教えられたのである。業熟体とは、宿業の身ということである。限りなき時間、無明・我執によって輪廻し、迷いつづけて、いま、ここに現われている私自身であると同時に、生きとし生けるものすべてである。この一個の私自身であるとともに宇宙共同体である。この業熟体にこそ、ダンマが顕わになるのである。

ブッダは後に、このダンマを如来とも名づけた。如来は法身である。すなわちダンマを自らの体となすものである。従ってダンマも如来も、形なき寿（いのち）そのものであり、同じことである。しかし、如来となると、われわれにいっそう親しく感じられる。

つまりブッダは、ブッダ自身に如来が顕わになって開悟したのである。従ってブッダは、われわれに、如来を憶念すること、すなわち念仏を説くことは当然であろう。ブッダは、念仏について詳細に説法している。そこで私はそれをよく学び、よく習い、念仏の一行三昧となって入定する。私は、六十代以降は、ただひたすら念仏三昧を行じつづけた。念仏がすなわち禅定であり、禅定がそのまま念仏である。

しかしながら、入定しても、如来が顕わになって心が満足することもあれば、いかに努めても如来が顕わにならず、禅定はただ苦行に終わることも多い。かくして年数を経るに従い、如来の顕わになる回数は増えてくるが、どうしても顕わにならず、努めれば努めるほど、疲労困憊（こんぱい）、苦悩そのものとなることもおこる。顕わになるときは慶（よろこ）びの絶頂に立ち、顕わにならぬときは、地獄のどん底に沈む。六十代から七十代の後半までは、歓喜と絶望との激しいゆれ動きのなかに過ぎていった。

ところが、七十八歳の年も暮れようとする頃であった。不図、気がついてみたら、求め心がポトリと脱落していたのである。どうしてそうなったのか、それはまことに偶然という外はない。そのとき以来、入定ごとに如来は自然に顕わになり、滲透し、通徹しつづけた。そして、どこまでも深く通徹して息むことがなかった。

かくして三、四年経った頃、八十三歳の誕生日を迎える約一月前、突然、如来の通徹する方向が逆になったのである。これまで通徹し続けていた如来、すなわちダンマが、向きを変えて、私の全人格体から限りなき大空間に向かって放散されるようになった。そしてこの状況はその後変わることはない。つまり、ブッダの禅定がそのまま私の禅定として定着したのである。

これはいったい、どういうことであろうか。ブッダ自身の言葉でいえば、

「ダンマが顕わになり、滲透し、通徹すると、あたかも太陽が虚空を照らし抜くように、限りなき空間に向かって放散される」（取意）

というものである。そして、そこから展開した大乗経典のブッダでいえば、

「ブッダは結跏趺坐して三昧に入り、体から無数の光を放って三千大千世界を照らし、

そのなかの衆生、この光に遇うものは究極の悟りを得る」（取意）
という。

もとより、ブッダの禅定と私の禅定とは、規模において天地の開きがある。器が全然違うのである。しかし、禅定の型において、またその意味する所においては、本質的にまったく同一であるということができる。原始経典のブッダ自身もまた、教えのとおりに行じていけば誰しもそうなるということを、明言している。そして事実、私のごとき平々凡々の人間にも通ずるように教えておられる。しかも私に通じてみれば、この禅定こそ、仏道の根源態であることが明らかとなったのである。

本編は、この根源態を大前提として綴られていくであろう。

一　解脱とは何か

解脱（げだつ）とはどういう意味であろうか。一般には、「悟り」あるいは「悟りを開く」などといわれ、凡人には近づきにくい、何か特別の世界のように思われている。果たしてそうであろうか。

まず、解脱という語の意味から考えてみよう。原語は、サンスクリット語、vimokṣa（ヴィモークシャ）あるいは vimukti（ヴィムクティ）である。いずれも、語根 vi-√muc から転化したもので、「解放されること」「解き放たれること」という意味である。つまり、煩悩（ぼんのう）の束縛から解放されること、あるいは、迷いの世界からの離脱である。英語では、emancipation, release, deliverance などと訳され、また、魂の救済という意味で salvation ともいわれている。

では、そうした解脱に達するにはどうしたらいいのであろうか。どういう方法によって、解脱は実現されるのであろうか。それがすなわち、全人格的思惟と呼ばれるものである。

1　全人格的思惟

解脱は、全人格的思惟を実習しているうちに、やがて現われてくるのであるが、その全人格的思惟とはどういうことであろうか。

全人格的思惟は、対象的思惟に対するものである。対象的思惟は、通常の思惟である。「考える自分」と「考えられるもの」とが相対するときに、この思惟が成立する。かりに自分自身について考える場合でも、「考える自分」と「考えられる自分」とが相対するから、やはり対象的思惟である。つまり、この思惟は、日常生活から、すべての活動の場、また科学的思考にいたるまで、ことごとく対象的思惟でないものはない。いいかえれば、思惟といえば、すべてこの思惟に属するのである。

これに対して、全人格的思惟はそれとはまったく異なる。対象的思惟が、いわば頭脳的な思考であるのに対して、全人格的思惟は、頭も心も魂も、そして体までも一つになって営む思惟である。身心全体が一つになっているから、その意味で全人格的思惟と呼ばれる。ここでは、「考える自分」と「考えられる自分」とが一つになっているばかりでなく、「考える自分」と全世界、全宇宙とが一つになっているのである。

「禅定」の語の由来

そもそも思惟というのは、仏教に由来する語である。仏教ではこれを「しゆい」と読む。その原語は、cintā（チンター）（思考、熟考）、cetanā（チェータナー）（自覚、精神）、mīmāṃsā（ミーマーンサー）（熟考、吟味、論究）など、その外多数あるが、いずれも「思惟」と漢訳されており、それぞれの意味のとおり、対象的思惟として用いられている。

ところが、同じく「思惟」の語が全人格的思惟として用いられている場合がある。その原語はサンスクリット語でdhyāna（ドフャーナ）であり、パーリ語でjhāna（ジュハーナ）である。そのjhānaが、中国へ入ると、最後のaが落ちてjhānとなり、それが禅（ぜん）という字に音訳され、あるいはまた、「定（じょう）」という字を付して禅定（ぜんじょう）ともいわれた。禅定の、禅は音訳であり、定（さだまる）は意訳である。

さらに、サンスクリット語 dhyāna は、語根 $\sqrt{\text{dhyai}}$（冥想する、黙想する）から転化したもので、冥想、黙想の意味であり、英語では meditation, contemplation などと訳されている。漢訳では、思惟の外に、その意味をとって静慮とも訳されている。「静かに慮る」というのである。

いったい、意訳である「定」とか「静慮」とかいう語はどのようにして採用されたのであろうか。これについて一つの推定を試みてみよう。中国の古典に『大学』という書がある。もともと『礼記』の第四十二巻として収められていたものが、後に宋代の朱子によって四書（『大学』『中庸』『論語』『孟子』）の一つに選ばれ、儒教の重要な書となっている。その冒頭に次の一節がある。

「大学の道は、明徳を明らかにするにあり。民に親しむにあり、至善に止まるにあり、止まるを知りて后に定まることあり、定まりて后に能く静なり。静にして后に能く安し。安くして后に能く慮る。慮りて后に能く得。物に本末あり、事に終始あり、先後する所を知れば、則ち道に近し」

これはなかなか含蓄の深い文章である。明徳とは、それぞれの人に具わっている明らかな徳である。それを身に体得することによって人々に親しむことができる。身に体得するとは究極の善にとどまることである。究極の善にとどまることができれば、身心が安定する。身心が安定すれば静かになる。静かになると平安になる。平安になって初めて思慮することができる。思慮することができて、物事の本末終始、一貫したものを認知することができる。それによって初めて、道に近づき得るのであり、道を歩み始めることができる、というのである。

右の一節を、初めから終わりまでよくつなげて読んでみると、それが全人格的思惟になっていることが知られてくる。ここではまだ、なかなか説明しにくいのであるが、次第に論述していくにつれて、そのことが明らかになってくる。そして後に述べるように、人類の教師の一人である孔子の『論語』を考察してみると、いっそうそのことが明瞭になるのである。

ただここでは、ひとまず簡単に説明を付けてみよう。すなわち、われわれに本来具わっている明徳を体得してみると、それが究極の善であることが知られてくる。その究極の善に安らっていると、身心全体が安定して静かになり、よく思慮することができるようになり、物事の全体が見えてくる、というのである。つまり、「身心全体で思慮する」という意味で、全人格的思惟であるということができよう。

このように見てくると、この一節のなかに、「定まりて后に能く静なり。……安くして后に能く慮る」とあり、「定」とは身心全体が定まることであり、「静慮」とは、身心全体が静かに思慮するという意味となる。したがって、dhyānaを「定」あるいは「静慮」として意訳したことが理解されるであろう。

このように全人格的思惟は、身心一体となり、さらにいいかえれば、頭も心も魂も、そして体も、全体が一つとなって営む思惟である。思惟というよりは、むしろ、全人格体一つになって営む動きであるというのが、より適切であろう。そして、禅定といえば仏教に限られた語であるが、先にも触れたように、すでに中国の古典にもそうした営みが見える所から、これを一般化して全人格的思惟と呼びたいのである。

対象的思惟と全人格的思惟との連続性

さて、対象的思惟は、「考える自分」と「考えられる物」、いいかえれば主観と客観とが相対して成立している思惟である。それは主として頭脳的働きであるということができる。これに対して全人格的思惟は、主観即客観、客観即主観、主観と客観とが一体となっている思惟であり、対象的思惟が頭脳的であるのに対して、全人格体的であるということができる。

しかしながら、この二つの思惟はこのようにくっきりと区別できるのであろうか。たとえば、われわれが机に向かって執筆している場合、その働きは主として頭脳的であり、対象的思惟であることは明らかである。また科学者が事物を観察する場合も、科学者と観察される事物が相対しているから、これも対象的思惟である。しかし、いずれの場合も、体が静まって安定していなければ、十分に執筆も観察もできるものではない。つまり体がそれぞれの働きとして全面的に協力しているのである。さらに科学者が実験する際は、手足を動かし、体の協力はいっそう度合を増してくる。

さらにまた、ヴァイオリンやピアノの演奏訓練の場合を考えてみよう。初めは、弦も鍵盤も、腕や指先も、ばらばらに意識しながら、教えられたとおりに懸命になって努力を続けていく。次第に練習を重ねて年を経るうちに、こうした演奏の諸要素を意識しなくなり、からだ全体が演奏に集中統一し、やがて曲目と全人格体とは一体となっていく。このことは、そのほか、美術・工芸などの技芸、声楽・舞踊などの芸事の訓練においても同様であろう。あるいはまた、華道、茶道、そして武道・角力などの格闘技、さまざまなスポーツに至るまで、同じような傾向を見ることができるであろう。

このように考えてくると、こうした訓練は、禅定（坐禅と同じ）の道程にきわめて類似してくるのである。禅定の場合も、初めは、なかなか集中できず、次第に苦労に耐えていくうちに、全人格体が集中統一され、一体となっていく。演奏においても、禅定においても、その道程はきわめて似ているのである。しかもとくに重要なことは、いずれの場合も、訓練を持続して時間的に習熟していくのであり、その間に全人格体はそれぞれの目的に向かって変動し進展していくことである。

このように見てくると、対象的思惟と全人格的思惟とは、語義の上では分類されているようであるが、実際には明瞭にけじめをつけることはできず、対象的思惟から全人格的思惟へと連続しているということが実態ではあるまいか。ただ異なるのは、演奏ではヴァイオリンやピアノという楽器、あるいは曲目という対象性が最後まで残るのに対して、禅定では、体そのものが楽器であり、曲目である。また、華道、茶道では、花や茶という対象性が残存するが、禅定では体そのものが道である。あるいは格闘技では、勝敗という目的意識が残るが、禅定では勝敗を超えている。

では、禅定は、まったく対象性を払拭しているのであろうか。

これはきわめて微妙、かつ重大な問題である。後にブッダ自身の禅定についてじっくり考察してみたいと思うが、もし一言でいうならば、ただ身心を集中統一するかぎり、いかに統一を深めてもなお、かすかな対象性がどうしても残るのである。その対象性が完全に消失するのは、禅定において、ただ解脱が実現するときのみである。

ここにおいて、解脱とは具体的にどのような事態をいうのであるか、ブッダの解脱について考察してみたいと思う。

2　ブッダの解脱

解脱への道程

さて、ブッダは解脱を実現してブッダ（Buddha 目覚めたひと）になったといわれているが、その解脱の光景を明瞭に示している資料が存在しているであろうか。もし存在しているとすれば、そのブッダの解脱はどのような意味を持つものであろうか。さらにまた、解脱に至るまでの過程はどのようなものであったろうか。どのような道程を踏んで解脱の実現にまで至ったのであろうか。まずわれわれは、解脱に至るまでのかれの足跡をたずねてみよう。

ブッダは、俗名をゴータマ Gotama という。王室に生まれ、何不自由のない生活を過ごし、王族の教養として必要な学問を修めた。しかしゴータマは、生存そのものの悩みにとりつかれた。いわゆる生老病死の問題である。それは、ゴータマ個人だけではなく、人類にとってももっとも普遍的な問題である。これについて、かれ自身の言葉でうかがってみよう。

「私は自ら生まれるものとなって、生まれるものにおいて患いを知り、不生（ふしょう）なる無上（むじょう）安穏（あんのん）（究極の安息）の涅槃を求めよう。自ら老いるものとなって、老いるものにおいて患いを知り、不老なる無上安穏の涅槃を求めよう。自ら病むものとなって、病むものにおいて患いを知り、不病なる無上安穏の涅槃を求めよう。自ら死ぬものとなって、死ぬものにおいて患いを知り、不死なる無上安穏の涅槃を求めよう。……」

ゴータマは、みずからいう如く、幸福な青春 bhadra-yobbana の只中にあった。それにも拘らず、生・老・病・死という現実そのものにおいて苦悩し、そこからの脱却を図った。すなわち、不生・不老・不病・不死の涅槃を求めて、王室を出て出家したのである。

ゴータマはまず二人の師をたずねた。ゴータマの国はたとい小国であるとはいえ、王者の子であるかれが師事したのであるから、その師はいずれも世にすぐれていた宗教者であったことは確かであろう。

初めに弟子入りしたのは、アーラーラ・カーラーマ Aḷāra Kālāma である。修行してやがて師と同じ境地に達した。すなわち無所有処（なにものもないという境地）である。しかしゴータマは、これはまだ涅槃への道ではないと判断して師の許を離れた。そして、次にウッダカ・ラーマプッタ Uddaka Rāmaputta に師事した。ここでもゴータマは、師と同じ境地、すなわち非想非非想処（想うのでもなく想わないのでもないという境地）に至ったが、これも涅槃へは向かわないと判断して、師の許を去った。ここで注意しておくべきことは、ゴータマが二人の師の許で行じていたとき、師と同じように、信・勤・念・定・

悪を修していたということである。これは記憶にとどめておきたい。

さてゴータマは、どういう根拠から、師の境地は涅槃への道ではないという判断を下したのであろうか。まだ、みずから涅槃を体験していないのに、どうしてそれが涅槃への道でないといえるのであろうか。思うに、おそらくかれの胸の内には涅槃に関するあるイメージが浮かんでいたにちがいない。それがこのような判断を促したものと考えられる。そのイメージがどのようなものであったかは後の論述によって判明する。

そこでゴータマは、もはや他人(ひと)に頼らずに、みずから修行して涅槃を求めようとしたにちがいない。そのために、かれはさまざまな苦行tapoを試みている。たとえば、無息禅というものである。これは、口と鼻をふさぐと、耳の孔から激しい音をたてて風(ふう)が出る。さらに耳までふさぐと、強烈な風(ふう)が頭をかき乱す。そして、この無息禅には五段階あって、頭から腹へ、ついには体全体が、切り裂かれるように、あるいは、火で焼かれるように痛む。また、ゴータマは断食を行じた。次第に食を減じてついに断食に至る。そのために体は痩せほそって、手で皮膚をこすると、根の腐った毛が体から落ちた、という。

あるいはまた、裸体のままでいる行、脱糞の行、手で食事して舌で手を舐める行、あるいは、直立したままの行、蹲踞したままの行、刺(とげ)の上に臥す行、等々である。しかし、こうしたさまざまな難行苦行を敢行しても、かれには涅槃への道は開けてこなかった。

しかしながら、このような命懸けの苦行が、まったく無駄であったわけではない。それどころか、きわめて貴重なものを身につけたことを、あとでかれは述懐している。すなわち、不退の精進 asallīna-viriya と忘失しない念 asammuṭṭha-sati が確立したことである。不退の精進とは、けっして退転することのない努力精進であり、涅槃を求めて努力し続けることであり、忘失しない念とは、涅槃に向かって念じつづけ、集中しつづけて、片時も忘れないことである。これはきわめて重要であり、解脱の実現への地歩が次第に確かめられてきていることを意味するであろう。

最古の編集経典といわれている『スッタ・ニパータ』(『経集』)に示されている一節は、そのことをよく表わしていると思われる。私はこれまで、この一節は、苦行を捨てて菩提樹のもとに入定してからのものではないかと思い、そのように記してきたが、やはり一般にいわれているように、苦行中のものである方が適切であると考え、そのように訂正させていただく。その一節とは、悪魔ナムチの誘惑に対するゴータマの返答として述べられているものである。悪魔ナムチの誘惑とは、さまざまな煩悩の誘惑を代表している。ゴータマは、それを決然と斥けて、次のように答えている。

「わたしには、信 saddhā と勤 viriya と慧 paññā とがある。このように自ら励んでいるわたしに、どうしてお前は命(いのち) jīva のことを尋ねるのか。

この風 vāta は、河の流れをも涸らすであろう。自ら励んでいるわたしの血 lohita が
どうして涸渇しないことがあろうか。
血が乾くと、胆汁 pitta と痰 semha も乾く。肉 maṃsa がなくなると、心 citta はますます浄まり、わたしの念 sati と慧 paññā と定 samādhi とはいっそう確立する。
このようにわたしは安住し、最大の苦痛を受けており、心は諸欲にかかわることはない。見よ、身心 satta の清らかなることを」

ゴータマは、激しい苦行に耐え抜いている。そのために、体内を吹きまくる風 vāta は、河の水も涸らしてしまうであろうし、体内の血や胆汁や痰も涸渇させ、肉も痩せさせてしまうであろう。しかし、ゴータマには、信・勤・念・定・慧は、ますます確立し、いかなる煩悩にも煩わされず、激苦を受ければ受けるほど、身心はいよいよ清らかになってくる。ついに悪魔ナムチは消え去った、といわれている。

先に留意しておいた如く、ゴータマは、二人の師の許で修行していたときも、師と同様に、信・勤・念・定・慧を修しており、師の許を去って苦行に入っても、この徳目はますます確立していることが知られる。しかもあとでブッダとなった後にも、弟子たちにこの徳目を教えており、後述するように、仏道においていかに重要なものであるかが分かる。

しかしゴータマは、苦行によって不退の精進と忘失しない念とを身につけることができ

たが、苦行もまた涅槃への道でないことが認知されて、ついにはこれと訣別せざるを得なかったのである。

そのとき不図、かれの胸に浮かんできたものがある。それは、かつて父王の儀式に伴のうていた際、かれひとり樹の蔭に坐って禅定に専念していたときのことである。そのかれに、随念行の意識 satānusārin-viññāṇa が生じた。そしてこれこそ悟りへの道 maggobodhāya であると思った、という。

随念行の意識とは、注釈によれば、入出息念定（にっしっそくねんじょう）である、という。入る息、出る息に心を集中していく禅定である。簡単にいえば調息である。

ブッダは後になって、弟子たちに、開悟以前のゴータマの時にも、しばしば入出息念定を修して、執著なく、諸の煩悩から解き放たれたことを述懐しており、開悟の後にも、入出息念定を深めていけばそのまま解脱に至ることを詳細に説いている。入出息念定すなわち調息が仏道においていかに重要なものであるかということが知られるが、ここでとくに注目しておくべきことは、ゴータマは、開悟以前に、この調息を修（しゅ）して、無執著（むしゅうじゃく）となり、煩悩から解放されながら、なおそれを解脱とは認めていないという点である。

ともあれゴータマは、苦行によって消耗した体力を回復するために、米飯の粥 odanakummāsa を食べて力を得、あるいは、スジャーター Sujātā の捧げる乳粥を呑んで力をつけたともいわれている。そしてアッサッタ（パーリ語 assattha、サンスクリット語 aśvattha）樹のもとで入定したのである。後にその樹を菩提樹という。

どれだけの歳月が過ぎたかは分からない。おそらく連日連夜、禅定に専念したにちがいない。そしてあるとき、ゴータマは開悟してブッダ Buddha（目覚めたひと、覚者）となったのである。そのときの光景は、まったくわれわれの想像を絶するものがあったであろう。なぜなら、われわれの如きものでさえ、大爆発、木端微塵、茫然自失、やがて時を経て、歓喜の焔が腹のどん底から、むくむく、むくむくと噴き出してからだ全体を覆い尽くした程だから。ましてゴータマは、師に別れた後、落命擦れ擦れの難行苦行をおこない、しかも無執著となり煩悩から解放されながら、なお真の解脱ではないと断じて、入定したのであるから、開悟の一瞬の大激動は、いかなる予想をも隔絶していたことは明らかであろう。

ようやく激動が静まって、坐禅のままの姿で、ブッダの口を衝いて出た、最初の一節がある。それをウダーナ udāna という。感興詩と訳されている。ウダーナの語の意味は、「上を向いて息を吹きあげる」ということで、感極まって吐く詩を指しており、中国では偈と訳されている。同時に、それについて説いた経典をも『ウダーナ』（『自説経』）という。

ウダーナ（偈）は、ブッダ開悟の最初の第一声であり、解脱にかかわる最大の重要な意味を持っている。ここには、三つの偈が順次に示されている。第一は初夜（夕暮れ）の偈、第二は中夜（夜中）の偈、第三は後夜（明け方）の偈である。

〔初夜（夕暮れ）の偈〕

「実にダンマ（法）が、熱心に入定しつつある修行者に顕わになるとき、そのとき、かれの一切の疑惑は消滅する。というのは、かれは縁の理法を知っているから」

〔中夜（夜中）の偈〕

「実にダンマ（法）が、熱心に入定しつつある修行者に顕わになるとき、そのとき、かれの一切の疑惑は消滅する。というのは、かれはもろもろの縁の消滅を知ったのであるから」

〔後夜（明け方）の偈〕

「実にダンマ（法）が、熱心に入定しつつある修行者に顕わになるとき、かれは悪魔の軍隊を粉砕して安立している。あたかも太陽が虚空を照らすがごとくである」

悟りの爆発をブッダは「ダンマが顕わになる」と述べたのである。これが解脱の原点であり、「ダンマが顕わになる」という表現は、もっとも貴重な根源則である。ここに悟りの構造が明らかにされている。しかも爆発をそう表わしたのであるから、ダンマとはまったく形のない命の中のいのちというほかはない。ダンマはパーリ語で、サンスクリット語ではダルマであり、法と訳されている。法は経典のなかで多くの意味に使われている。しかしここでは、全人格体が粉砕された、その当体をダンマと名づけたのであるから、意味も思想も超えた語であり、ブッダの教えに従って通達してみれば、形なきいのちというほかに表わしようがない。

ブッダもまた、入定中に次のように述べている程である。

「わたしによって証得されたこのダンマは、甚深であり、理解しがたく、悟りがたく、寂静で、すぐれており、分別の領域を超えている。……」

いま顕わになった、このダンマは、甚深微妙（じんしんみみょう）で、まったく分別の領域を超えている、というのである。

その形なきいのちが、ブッダの全人格体に顕わになったのである。しかも初夜（夕暮れ）・中夜（夜中）・後夜（明け方）と、時が経つにつれ、三つの偈（ウダーナ）が示されている。三つの偈に共通なことは、「ダンマが顕わになる」ということである。そして「一切の疑惑が消滅する」というのは初めの二つの偈に共通である。このような三つの偈の境地を考察してみると、最初の初夜の偈では、縁の理法を知ったとあり、次の中夜の偈では、縁の消滅を知ったとなっている。つまり、ブッダに顕わになったダンマが、初夜から中夜にかけて次第にブッダの人格体に滲透し、初夜では縁の理法が浮かんでいたのが、中夜ではそれが消えて、それだけ境地の深まっていることが知られる。そしてついに後夜に至って、ダンマは、悪魔の軍隊、すなわち一切の煩悩を粉砕して、あたかも太陽が虚空を照らすように、ブッダの全人格を通貫して、全宇宙を照らし抜いたのである。このように、ダンマがブッダの人格体に顕わになり、滲透し、通徹して、全宇宙を照らし抜いたというように、この三夜の偈のなかに、ダンマの軌跡を見ることができる。

以上がブッダ自身が語る悟りの光景である。いかに壮絶を極めたものであったかが知られる。ブッダ自身にとってもまったく意表外であり、驚天動地のものであったにちがいない。

二　ブッダの解脱の重大問題

さて、改めて、ブッダが解脱に至ったゴータマの時の足跡を振りかえってみよう。ゴータマは、二人の師の境地に達しても、それはまだ涅槃への道ではないと判断した。みずから目覚めてもいないのに、どうしてその境地はそうではないと分かるのか。また、その判断の根拠は何であったのか。さらにまた、ゴータマは、開悟以前に、しばしば入出息念定(すなわち調息)を修(しゅ)している。そして、執著を離れ、煩悩から解放されたと、述懐している。それにも拘らず、ゴータマは、それを解脱とは認めていなかった。

　ここにおいて、われわれは重大問題に逢着するのである。すなわち、ゴータマは菩提樹下で解脱してブッダとなったというが、どうしてゴータマは、その目覚めに満足し得たのか。その根拠は何であるのか。また、たとえみずからは満足しても、果たしてそれは、間違いなく真実であると、どうしていえるのであろうか。

1　二つの例

　これについて、われわれに身近な例を考えてみよう。

　その一つは、徳川中期の傑出した禅僧白隠（一六八五―一七六八）である。かれは二十四歳のとき、寝食を忘れて、究明に明け暮れていた。あるとき、次のような体験がおこったのである。世界全体が透明となって一点のかげりもなく、そのまま十日あまり経った頃である。

　「一夜、恍然（こうねん）として暁（あかつき）に達す。乍（たちま）ち遠寺（おんじ）の鐘声を聞く。微音、纔（わず）かに耳に入るとき、則ち徹底して根塵（こんじん）を剝落（はくらく）す。恰も耳辺に在って而も洪鐘（こうしょう）を撃（う）つが如し。豁然（かつねん）として大悟す」

　ある夜、白隠はうっとりとなったまま明け方になった。丁度そのとき、遠い寺の鐘の音が聞こえてきた。そのかすかな音が耳に入ったとき、一切合切（いっさいがっさい）、もう何もかも徹底して剥（は）げ落ちてしまった。いわゆる、木端微塵、茫然自失である。あたかも大きな釣鐘（つりがね）を叩くように耳に響いてきたのである。そのとき、豁然として大悟した、という。そしてかれは、次のように思った。

「三百年来、未だ予の如く痛快に了徹せる者あらず。四海を一掃して、誰か我が機鋒（きほう）に当らん」

三百年このかた、自分のように痛快に了徹したものはいない。天下を見渡してもわが機鋒に当たるものが、一人でもいようか、というのである。

つまり白隠は、大悟徹底して、みずから満足することができた。

しかるにその後、かれは信州の飯山に正受（しょうじゅ）老人（道鏡慧端、一六四二―一七二一）をたずね、問答の末、老人に鼻頭を抑えられ、その悟りの間違っていることを正されたのである。

もう一つの例は、わが国の曹洞宗の開祖、道元（一二〇〇―一二五三）である。かれは二十四歳のとき、明全（みょうぜん）に従って入宋する。あちこちの諸師をたずねた後、如浄に会ったのは二十六歳のときである。そして修行中に次のような体験がおこる。意訳して示すと、左記の如くである。

ひとりの禅僧が坐禅しながら眠っているのを、如浄が叱りつけて、

「参禅は身心脱落なるべきである。ただ眠るばかりで何ができるか」といった。傍で坐禅していた道元は、如浄の言葉に豁然と大悟した。かれは直ちに方丈に入って焼香礼拝した。

如浄「何のための焼香か」

道元「身心脱落し来る」

如浄「身心脱落、脱落身心」

道元「これはしばらくの力量です。どうぞみだりに印可を授けたもうな」

如浄「みだりに印可を授けるのではない」

道元「みだりに印可を授けない、その当体は」

如浄「脱落身心」

このとき道元は礼拝した、という。

これでみると、「豁然と大悟した」とあるが、それは他からそういっているだけで、道元自身は、大悟したとは思っていないであろう。それは右の問答でも明らかである。しかし、何かの転換のあったことに気づいたのは確かである。そのために、直ちに方丈に入って如浄と問答している。そのなかで道元は、「みだりに印可を授けたもうな」と、如浄に駄目押ししている。道元にとってこの転換は、十分に満足できるものではなかったといわねばならない。しかも帰国後、かれが生涯にわたって転進しつづけたことは、『正法眼蔵』の示すとおりである。

2 解脱に満足したのはいかなる根拠か

以上、二つの例を参照してみると、ブッダにおける解脱の問題がいよいよ問われてくる。その一つは、ブッダは菩提樹下で解脱したが、いかなる根拠によって満足したのか、という問いである。これまで、二人の師の境地も斥け、苦行もまたその道ではなく、さらに調息によって、無執著となり、煩悩から解放されながら、しかもみずから満ち足りることはできなかった。しかるに、菩提樹下の解脱に満足し得たのはいかなる根拠に依るのか、という問題である。

先に、「解脱への道程」（本書二四頁）において述べていたように、ゴータマはまだ涅槃を体験していないのに、師の境地はそうではないと、どうしていえるのか、おそらくゴータマの胸の内には、涅槃に関する、あるイメージが浮かんでいたにちがいない、という予想であった。実はそのイメージが、菩提樹下の解脱によって体証され、明白となったのである。ブッダの次の一節に注目してみよう。

菩提樹下で開悟した後、「ダンマが顕わになる」という三偈の示されたことは、前に述べたが、ブッダはそのあと、七日の間三昧に入っている。七日を過ぎて三昧から起(た)ち、菩提樹を離れてアジャパーラ榕樹の下で結跏趺坐し、同じように解脱の安楽を受けている。第二の七日目である。

そのとき、ひとりの傲慢な性質のバラモンが現われ、ブッダに向かって、いかにしてバラモンとなり得るか、また、バラモンのなすべき法とは何であるかを問うている。これに対してブッダは次のように答えている。

「いかなるバラモンも、悪なるものが除かれ、傲慢でなく、汚れもなく、自ら制御し、ヴェーダの極みに達し、ブラフマンを目指す実践が成就しておれば、そのバラモンは、ダンマによってブラフマンの言葉を語るであろう。そのバラモンにとって世のどこにも慢心はない」

ブッダは、いま解脱したばかりである。想像を絶する大爆発、木端微塵、茫然自失の状態がようやくおさまり、やがて「ダンマが顕わになる」という語が口を突いて出た。形なきいのちが全人格体に顕わになり、滲透し、通徹して、さらに果てしなき空間に向かって放散していく。そして右の句は、二週間目に入ったばかりである。まだ思想的な表現のまとまりはできていない。それは、ひとりの傲慢なバラモンの問いに対する答えとはなっているが、実はそのままがブッダ自身の心境を表わしたものといえよう。

ブッダはこのなかで、「ヴェーダの極みに達し、ブラフマンを目指す実践が成就する」という。つまり、ヴェーダの究極に達することが、すなわちブラフマンになることである、という。そして続いて、そうなれば「ダンマによってブラフマンの言葉を語る」という。いいかえれば、ダンマが顕わになることによって、ブラフマンについて語るのであるから、ブッダにおいてダンマとブラフマンとはまったく一つとなっているのである。

ここにおいて、ブッダがこの解脱になぜ満足したのか、その根拠は何であるのかということが明らかになってくる。すなわちブッダは、出家以前に王室にあったとき、その身分に必要な教養は十分に受けていた。そのなかにヴェーダ、ウパニシャッドが含まれていたことは当然である。したがって、ヴェーダの究極、すなわちブラフマンに目覚めることこそ真の解脱であり、涅槃であるという想いがあったにちがいない。そのブラフマンのイメージが、師の境地を拒否し、難行苦行にも耐えさせ、かつ調息によって、無執著となり煩悩から解放されながらも、なおゴータマをして満足せしめなかったということができよう。

3　その根拠はいかにして真実といえるか

では、ブッダがダンマとブラフマンとはまったく同一であると覚知した、その内容とは、どういうものであろうか。

われわれはもう一度、開悟直後の三偈の中の第三偈を振りかえってみよう。

「実にダンマが、熱心に入定しつつある修行者に顕わになるとき、かれは悪魔の軍隊を粉砕して安立している。あたかも太陽が虚空を照らすが如くである」

形なきいのちそのものであるダンマが、ゴータマに顕わになり、その全人格体に滲透し、通徹して一切の煩悩を粉砕し、ついに全人格体から果てしなき空間に放散し、全宇宙を照らし抜いたのである。いいかえれば、ダンマは全宇宙に充足したのである。さらにいいかえれば、ダンマが顕わになって目覚めたとき、ブッダは初めて全宇宙と一体となったのである。そのことが、ブッダによってダンマとブラフマンとは全同であると覚知されたことである。かくして初めて、ブッダはみずからの目覚めに満足することができたのである。

ここで、われわれにとってきびしく警(いまし)めねばならない問題がある。それは、右の事態にもとづいて、もし後世の仏教史家が、ブラフマンとダンマとは同一であると記述するならば、直ちにブッダによって拒否されるであろうということである。なぜなら、体証において初めて、ブラフマンとダンマとの同一なることが覚知されるのであって、それなくして、単に両者の同一性を主張することは、対象的思惟たる分別認知の立場に退いているからである。ブッダもまた、いたずらに聖典を誦し、かつ教えているにすぎないバラモンたちをきびしく批判している。しかも、それにも拘らず、おそらく生涯にわたってブラフマンは、ブッダの胸の内に住みつづけていたであろうし、落命した後、ブラフマンと一つになるまで、宣言している程である。

ところで、ブッダはみずからの目覚めに満足することができたが、先の白隠の例を参照しても窺われるように、その解脱が間違いなく真実であるか、どうかは、別の問題となるのである。もしブッダの解脱が真実であるとすれば、どうしてそういえるのか、その理由はどこにあるのか、このことが厳しく問われねばならない。

聖徳太子

それについて、ここでもまた、身近な例を挙げてみよう。それは、聖徳太子と親鸞である。そのいずれも、自らの仏道を真実であるといっている。どうしてそういえるのか、たずねてみよう。

まず、聖徳太子（五七四—六二二）である。太子が亡くなった後、その妃である橘大郎女が悲嘆のあまり、いわゆる天寿国曼荼羅の銘文を作った。その銘文のなかに、太子の言葉としてよく知られている「世間虚仮、唯仏是真（せけんこけ、ゆいぶつぜしん）」という一句がある。おそらく太子がかねがねつぶやいていたことを、この女が耳にとどめていたのであろう。「世間虚仮」の世間とは、ただ外側に眺められた世俗の世界のことではない。当時、太子は血と血で争い合う世俗の真っ只中にいた。太子自身がまさに「世間虚仮」であることを感じとっていたであろう。世間の何とも形容しがたいむなしさを痛感していたにちがいない（後に論述するが、ブッダのいわゆる業熟体そのものである）。その真っ只中で、「唯仏是真」、「ただ仏のみが真実である」というのである。

いったい太子にとって、仏の真実とはどういうことであるか。どうして仏が真実であるといえるのであろうか。これについて太子自身の句を引いてみよう。『維摩経義疏』に、

「若し至聖を論ずれば、即ち智、真如の理に冥し、永く名相の域を絶つ。彼もなく此もなく、取もなく捨もなし。既に太虚を以て体となし、万法を照らすを心となす。何ぞ名相として量るべきことあらん。……大悲息むことなく、機に随って化を施す。則ち衆生のある所、至らざる所なし」

至聖とは、仏すなわち如来である。如来の智慧は真如の理と一体であり、永久に形を離れている。彼此もなく取捨もない。大虚空がその体であり、しかもありとあらゆるものを照らし抜いている。その大悲は息むことなく、衆生のそれぞれの機根に随って教え導き、衆生のある所、大悲の至らざる所はない、というのである。

このように見てくると、太子の仏道は、開悟直後の、ブッダの第三偈とまったく同じで

はないか。形なきいのちそのものであるダンマ（ブッダは後に如来とも名づける）が、ブッダに通徹して、さらにその人格体から放散し、全宇宙を照らし抜いているのである。しかも、ブッダ滅後千年、そのあいだに仏教はインド、中国に展開し、法縁ますます熟して太子に至っている。したがって太子の仏道は、全宇宙を照らし抜くブッダの解脱が、さらに「大悲息むことなく、……衆生のある所、至らざる所なし」にまで徹底しているということができるであろう。

　ところで、伝える所によれば、太子はしばしば夢殿で三昧に入った、といわれている。月に三度、沐浴して夢殿に入り、七日七夜、戸を閉じて入定した。それについて、太子の師である高麗の慧慈法師は、

　「太子、三昧定に入りたまえり。驚かしたてまつることなかれ」

と語った、という。

　慧慈法師は、太子の三昧の内容についてはまったく触れていない。しかし、先の『維摩経義疏』の一句から見て、ブッダの禅定において発得（ほっとく）された仏道の究極態が、そのまま太子の仏道にまで熟してきたことは明らかである。その太子が「唯仏是真」という。太子は「ただ仏のみが真実である」と、みずから認知しているのである。

つぎに、親鸞（一一七三―一二六二）を考えてみよう。『歎異抄』のなかに、親鸞の言葉として、

「煩悩具足の凡夫、火宅無常の世界は、よろづのことみなもてそらごとたわごと、まことあることなきに、ただ念仏のみぞまことにておはします」

と示されている。

「煩悩具足の凡夫……そらごとたわごと、まことあることな」しとは、まさしく太子の世間虚仮、ブッダの業熟体（これについては後に論述）であり、「念仏のみぞまことにておはします」は、太子の「唯仏是真」である。親鸞は、太子と同じことをいっている。

では、親鸞の念仏が真実であるとは、どういう意味であるか、少し考察してみよう。

『一念多念文意』に、

「念仏衆生は、金剛の信心をえたる人なり。……念仏の人は、無上涅槃にいたること、弥勒におなじきひととまふすなり」

とある。

さらに、『末灯鈔』には、

「等正覚を弥勒とおなじと申（まふす）によりて、信心のひとは如来とひとしとまふすこころな

り」

という。

これによると、念仏の人は、金剛の信心の人であり、信心を得た人は、やがて無上涅槃に至る弥勒と同じであり、弥勒と同じということは、如来に等し、という。つまり、信心の人は如来と同じである、というのである。

そこで、信心とはどういうことかを、もう少したずねてみよう。『尊号真像銘文』に、

「信楽(しんぎょう)といふは、如来の本願真実にましますを、ふたごころなくふかく信じてうたがはざれば信楽とまふすなり」

といい、また『一念多念文意』に、

「真実は阿弥陀如来の御こころなり。……真実信心をうれば、すなわち無碍光仏(むげこうぶつ)の御こころのうちに、摂取して捨てたまはざるなり」

という。

信楽とはどういうことか、それは信心とは異なるのであろうか。これについて『教行信証』信巻（本）に、

「信楽とは、信とは、即ち是れ真なり、実なり、誠なり、満なり、極なり、成なり、用なり、重なり、審(ツマビラカ)なり、験(シルシ)なり、宣(ノブ)なり、忠(ココロザシ)なり。

楽とは、即ち是れ欲なり、願なり、愛（ヨミス）なり、悦（ヨロコブ）なり、歓なり、喜なり、賀（ヨロコブ）なり、慶なり」

といい、信楽について、驚歎するほどに、詳細を極めて意を尽くしている。つまり信楽とは、信じ歓喜することで、信心透徹していることをいうのである。

このように見てくると、信心透徹しているということは、如来の本願をふかく信じて疑わないことであり、ふかく信じて疑わないということは、真実なる如来の心のうちに摂取不捨されているということである。

このような信心の実態について、親鸞は、『正像末法和讃』草稿本に、次のように記している。これはまさしく親鸞自身の信心歓喜を告白したものである。

「康元二歳丁巳（ひのとのみ）二月九日の夜寅時（とらのとき）に夢告（ゆめのつげ）にいはく

　弥陀の本願信ずべし
　本願信ずるひとはみな
　摂取不捨の利益にて
　無上覚おばさとるなり

この和讃をゆめにおほせをかふりてうれしさにかきつけまいらせたるなり

正嘉元年丁巳（ひのとのみ）閏（うるう）三月一日

愚禿親鸞八十五歳書之」

康元二年は一二五七年であり、同年の三月十四日に改元されており、したがって康元二年と正嘉元年とは同年であって、親鸞八十五歳である。二月九日の午前三時から四時頃、このような詩の夢をみたのである。円熟した八十五歳の親鸞にとって、よほど感銘探かったのであろうか、それから一月近くも経った三月一日に、「ゆめにおほせをかふりて」、うれしさのあまりに書きつけているのである。

この詩は、夢のなかで自然に生まれてきたものである。親鸞の意識においてうたわれているものではない。意識も無意識も包んだ全人格体から発現している。もはや、信ずるとか、疑わないとかいう段階ではない。弥陀の働きが親鸞に通徹するあまり、本願を信ずることが、そのまま摂取不捨となり、摂取不捨がそのまま無上覚となっている。本願の信と摂取不捨と無上覚とが、渾然一体となって、喜びが全人格体のどん底から噴き上げている。

親鸞は、このことを簡潔に次のようにうたっている。

「信心よろこぶそのひとを
如来とひとしとときたまふ
大信心は仏性なり
仏性すなはち如来なり」

信心を喜ぶひと、いいかえれば大信心に恵まれたひとは、如来と等しい、大信心そのものは如来である、というのである。

ところでブッダは、信が如来において確立した人について、次のように述べている。

「信が如来において確立し、根ざし、堅固となって、沙門によってもバラモンによっても天によっても悪魔によっても、その他いかなるものによっても動揺しない、そのような人は次のように語る——。

わたしは世尊自身の子であり、ダンマより生まれたもの、ダンマより現われたものであり、ダンマの相続者であると。

それはどういうわけであるか。実にこれは如来の同義語だからである。すなわち、法身とも法体ともいう」

このように、信が如来において確立し、根ざし、いかなるものによっても動揺しない人は、信の透徹した人といわねばならない。信の透徹した人は、実は、ダンマが顕わになり、滲透し、通徹した人に外ならない。だからこそ、右のように、ダンマより生まれたもの、ダンマより現われたものである、といわれる。ダンマはまた、ブッダによって如来とも名づけられるから、それは、如来より生まれたもの、如来より現われたものとなる。それゆえにこそ、信心の透徹した人は、右のように、如来の同義語といわれるのである。

このように見てくると、大信心に恵まれた人は如来に等しい、といった親鸞は、ブッダのいう信の透徹した人と、まったく同一ではないか。こうした事態のなかで、最初に記したように、親鸞は、

「煩悩具足の凡夫、火宅無常の世界は、よろづのことみなもてそらごとたわごと、まことあることなきに、ただ念仏のみぞまことにておはします」

と述懐していたのである。

いいかえれば親鸞は、ブッダの仏道の極みにまで熟して初めて、念仏の真実なることを、みずから頷いていたことが明らかである。

4　問題の所在

先に太子は、みずからの仏道を究明するなかで、「世間虚仮、唯仏是真」とつぶやいていたことが知られた。親鸞もまた、おそらく晩年であろう、「よろづのことみなもてそらごとたわごと、まことあることなきに、ただ念仏のみぞまことにておはします」といっている。二人は同じことを発言しているのである。

もとより二人は、仏道を究めてブッダと同じ境地に達したと意識しているのではない。しかし、これまで論じてきたように、二人の求道の過程を調べてみると、いずれもブッダ

の説法のとおりになっていることが知られた。しかもいずれも、みずから体得して如来は真実であると頷いたのである。

ここにおいて、先に発した重大問題の所在が明らかになってくる。その問題とは、ブッダは菩提樹下の解脱にみずから満足することはできたが、しかしその解脱は、果たして間違いなく真実であるか、否かということである。しかも、太子も親鸞も、仏道が身に十分熟してきて後の述懐であるから、ブッダもまた、菩提樹下における解脱の時節ではなく、時を経て身に熟してきた解脱の状況についてである。

その解脱の状況が真実であるか否かは、太子や親鸞がみずから体得して真実であると頷いたように、私自身がブッダの教えを習い、ブッダの禅定がそのとおりに私の禅定として実現し、そのとおりに解脱し得て、果たしてそれが真実であると頷き得るか否かについて、験証する外はないであろう。

三　重大問題に対する解答——私自身の禅定——

さて、先に「問題の所在」について明らかにしたように、その解決のためには、私自身歩いてきた仏道の道程について記述しなければならない。できるだけ簡潔に記してみよう。

しかも、その時々の状況について反省を加えながら述べてみたいと思う。

私は、浄土真宗の門徒（もんと）の家に生まれた。物心のつく前から、母や祖父に連れられて、親鸞の教えを聞いていた。成育して、その教えが最高のものであると思うようになった。すなわち、凡夫のための絶対他力の救い、いいかえれば、聞即信、何の計らいもなく、聞いたままが信となる、ということである。子供心にこれほど分かりやすいものはない。私は何の努力もなく、その教えにのめりこんでいった。ひたすら説法に耳を傾けたのである。そして、聞即信の心境は中学卒業時にピークに達した。

ところが、高校（旧制）に入って「自然科学」という講義を聞いたとき、実は生物と無生物の境界は明瞭ではないということを教わった。その瞬間、われわれは生き物であればこそ浄土に往生できるのに、そのけじめが明らかでないということになれば、いったい往生とはどういう意味かということが問われて、私の信心はガラガラと崩れ去った。まことにたわいもないものである。しかし、長年培われてきたものが、一瞬に潰（つい）えるということは、私にとって痛烈である。そこで、白紙からやり直そうと思い、東京大学の印度哲学科（仏教学を含む）に入学したのである。

それは、昭和十一年四月、二・二六事件の直後である。当時、仏教は世間にはまったく知られていなかった。私も、親鸞のことは聞いていたが、仏教全般について教えられたのは、大学にきて初めてである。最初の一年は、仏教の広大にして甚深なることにただただ魅せられ、無我夢中に過ごした。

しかし、大学の二年目に疑問が起こってきた。仏教は、ただ学ぶのみで十分なのであろうか。真に仏教を味嘗するためには、頭や心だけでは不徹底なのではあるまいか。すでに私には、高校の時の、信心の挫折があったからである。崩れることのない信心の確立のためには、体で覚えなければならないと思った。大学三年のとき、かけがえのない師に出会うことができた。奥野源太郎先生、出家して慧海と号された。私は天才的な人物に初めて遭遇したと思い、身も心も師に没入して坐禅に専念したのである。夜を徹して師の説法を聴聞したことも一再ならずであった。師の行く所には、どこでも従った。

その間に、最初の大爆発が起こったのである。木端微塵（こっぱみじん）、茫然自失、ようやくわれにかえると同時に、むくむくと腹の底から歓喜が噴き上げてきて体内に充足した。長いあいだ、悶えに悶え、求めに求めていた目覚めが初めて実現したのである。それは無条件であり、透明であり、曇りもなく、目覚めであることに何の疑念もない。私は喜びのなかに、ただ茫然とするばかりであった。

もし一般のならわしに従えば、こうしたとき、直ちに師の許に参じて、その事態を報告し、師の教えを仰ぐべきである。すでに述べた如く、道元もまた、直ちに方丈に入って焼香礼拝し、如浄と問答している。しかし私は、動かなかった。むしろ動けなかった。なぜなら、これはただ如来のみとの感応道交であり、いかに師を信頼していたとしても、つづまる所、師もまた人間であり、したがって感応道交は、まったく次元を異にしていると思っていたからである。今にして反省してみれば、親鸞の教えによってただ如来のみぞ真実であるということが、無意識のうちに畳みこまれていたからであろう。しかるに、私のこのような態度は一貫していない。その後、私は何人もの老師の許に入室参禅しているからである。ここでもまた、確かな信念と思っていたことが、いかにたわいもないものであるか、思い知らされる。

ともあれ、目覚めの歓喜は一週間ほど続いたであろうか、次第に醒めてきて、十日も経つと元の木阿弥（もくあみ）になってしまった。以前と変わることはない、煩悩も我執もそのままである。いったい、あの爆発は何であったのか。単なる幻覚か、いやいやけっしてそうではない。その事実を否定することはできない。しかしそれがどうであろうと、現実の煩悩はどうしようもない。悩みはさらに倍加し、ともかく坐禅を続ける。

それから一月ほど過ぎた頃であろうか。デカルトの『方法叙説』を読みつづけ、コギト・エルゴ・スム（我思う故に我あり）に到ったとき、また突然爆発した。同時に、古桶の底が抜け落ちるように、身心のあくたもくたが脱落してしまった。この爆発は、最初の時のように壮絶ではなかったが、体験の本質は同じである。そしてこの時もまた、数日のうちに元の木阿弥に戻ってしまった。その後私は、こうしたことを性懲りもなく繰りかえすのである。そもそも、爆発の目覚めとは、どういう意味なのか、また何故に後戻りするのか、そうした疑問は、はるか後になって解けてくるのである。

その間に、もう一人の人生の恩師にめぐり合うことができた。足利浄円先生である。先生は京都で出版業を営んでおられた。親鸞の系統で寺を持たず、いわば非僧非俗の生活である。昭和十五年、大学を卒業した四月のある日、友の紹介で、何の前触れもなく、先生をたずねた。先生は着流しのまま玄関に出てこられた。その瞬間、私は、あっ、この先生だ、と直覚したのである。私はそれまで何人もの、浄土系のすぐれた先生に出会っていた。そのすぐれていることは分かっていても、求道の師とするまでには至らなかった。それがたった一目で、全幅の信頼が結ばれてしまった。ただひとえに因縁という外はない。その後、戦争をはさんで、私的にも公的にも、先生との法縁はながく続く。先生は、ぽつりぽつりと、思いを語られる。弥陀の本願が、先生の口から、仏教語ではなく、先生の言葉でしずかに流れてくる。こうせよと、導かれたことは一度もない。私の申し上げることは、ことごとく受け入れられる。私は、その時々の先生の表情で教えをいただく。

昭和十七年八月、奥野源太郎先生は病のために亡くなられた。わずか三年の師事であったが、いのちに張りめぐらされた濃密な歳月であった。もし先生に出会わなかったら、坐禅はとうてい持続していなかったであろうと思われる。これまた、ただひとえに因縁である。

その十月、私は軍の召集を受けて軍務に就くことになった。初年兵三カ月のあいだは、起床から就寝まで一時の休みもなく立ち働く。考える余裕はなく、ただ体を動かすだけである。そのために、通常の思惟の外に、身体的思惟のあることを初めて経験した。これは新たな喜びであった。あとで気づいたのであるが、それは当然ながら坐禅と結びつく。坐禅もまた、通常の「考える」働きを捨てて、体で思惟するからである。しかも、体を動かすことが坐禅と結びつくと同時に、坐禅の外に、体を動かすという動禅のあることを知った。そしてこれは、はるか後のことであるが、動禅としてヨーガや気功の訓練にまでつながってきたのである。

昭和二十年八月、終戦となり、復員してふるさとの熊本へ帰った。その年の十二月、京都に浄円先生をたずねた。玄関に出てこられた先生の、静かに力に満ちた雰囲気を今も忘れることができない。先生の人格体に充足している確かさがますます強固になっていることを感佩(かんぱい)した。

昭和二十六年四月、それまで勤めていた熊本の専門学校を退き、東京に出てふたたび大学院に復した。仏教は旧態依然のままであり、いったい近代思想にどこまで耐え得るか、また、近代思想と比較してどういう意味を持っているのか、このことを検証するために、哲学科の主任教授を指導教官とし、まず、カント、フィヒテ、シェリング、ヘーゲルを読みとおすことにした。その背景にはまた、仏教は仏教だけを学んでも、仏教そのものも分からない、他の思想と比較して初めて、その特徴を明らかにし得るという思いがあった。このことは、その後、さまざまな思想を加えて、『比較思想論究』として公刊した。

昭和二十九年四月、東洋大学仏教学科に助教授として勤めることになった。その頃は、慧思（えし）、智顗（ちぎ）を始め、山家（さんげ）・山外（さんがい）論争の天台思想に専念していた。

やがて学位論文として、『心把捉の展開——天台実相観を中心として——』を公刊した。同時に坐禅も怠らなかった。平林寺の白水敬山（しろうずけいざん）老師が、毎週中野の道場に見えるので、そのつど参禅した。さらに、昭和三十年の七月から八月にかけて、大阪府池田の断食寮で二週間の断食に入った。断食が肉体にどういう影響を及ぼすか、また冥想とどういう関わりがあるかを経験してみたかったからである。断食に入って二、三日すると、体が平静となり、心が落ち着いてくる。そして考える力が衰えてくるにつれ、逆に無意識の冥想が強まってくる。それは何ともいえない静かな爽やかさであり、坐禅では味わうことのできない貴重な経験であった。

東洋大学勤務中に、しばらく坐禅をやめて静坐に替えた時期がある。岡田式静坐法である。創立者岡田虎次郎に直接教えを受けた深田淳という方が、豪徳寺の自宅で会を催し、毎週日曜の朝の九時から十時まで一時間、みっちり坐った。これは数年間続いたが、やがて坐禅に戻った。静坐も坐禅も、同じく身心の静まっていく坐りであるから、ほとんど同類であるが、微妙に違っている点もある。静坐の方が楽で、安らかであり、したがって健康によく、坐禅は無理をすれば体を損なうことになる。しかし、坐禅も熟すれば安楽であり、むしろ積極的に健やかとなる。静坐か、坐禅かは、それぞれ人によるが、私にとっては結跏趺坐の坐禅が本格的である。

昭和三十四年四月、東京大学文学部印度哲学科の助教授として赴任、中国仏教、日本仏教を担当し、仏教概論を講ずる。昭和三十五年、安谷白雲老師に参禅することになった。老師は、原田祖岳老師を継いだ方である。両老師とも曹洞宗であるが、原田老師は臨済宗の公案禅を行じた方で、したがって安谷老師もその系統である。ところで、これまで師事した諸老師は、独参、提唱、坐禅を型どおりに繰りかえすだけで、人間的な交わりはまったくなかった。しかるに安谷老師は、禅会が終わると、会員とざっくばらんに談笑される。私には実に意外で、そのために老師の人柄が親しまれた。

接心にはその都度参加し、やがて見性を許された。そして次々に新たな公案を解(と)いていった。しかし、公案を解くということは、けっして簡単なことではない。その公案に体丸出しで取り組み、何日も何日も要してやっと分かることであり、いくら時間をかけても解けず、老師から暗示を受けてようやく頷くこともある。いずれにしても公案が解けた時は、心の底から喜び、深い満足感に満たされる。

こうして参加しているうちに、再見性という言葉がどこからともなく聞こえてきた。会員の中の古参のものからも、あるいは老師自身も、時折り口にされる。そしてそれは、ひどく珍しいことであり、特別に大事なことのようである。見性した後に、いつかまたさらに見性するということは滅多にないことであり、もしあるとすれば、きわめて貴重なことである。そういえば、白隠は二十四歳のとき、かれ自身もいうように大見性した後、正受老人に会ってその誤りを明かされ、その後さらに再見性している。私もまた、大爆発の後に元の木阿弥に戻り、やがてまた古桶の底が抜け落ち、そしてまた元の木阿弥となり、このことを何回となく繰りかえしてきた。規模はそれぞれ違うかもしれないが、質はまったく同じである。

こうしてみると、公案を解くということと見性とは質的に異なっていることが知られる。そしてすでに見性した古参の人たちが懸命に公案を解きながら、さらに再見性を求めている姿が見えてきた。それは今の自分とまったく同類ではないか。そうしているうちに私は、驚くべき重大問題に気づいたのである。
それはいってみれば、当然のことであるが、公案とは、つまり中国の禅僧の問答である。それを与えられて必死に取り組んでいるのである。要するにそれは他人(ひと)の問題である。もし禅僧の問答そのものが生きた課題であるとすれば、真の公案とは、他人のことではなく、現在の自分自身の根本問題を直接老師にぶっつけることではないか。あれこれ思案しているうちに、公案を解きつづけていく満足感の、奥底ふかい無意識のなかに、未解決のどす黒い我塊(がかい)の蟠居(ばんきょ)しているのに愕然としたのである。もしこのまま公案を続けていくならば、この未解決の我塊はついに放置されたままになってしまうのであろう。私はこの経緯を安谷老師に詳しく述べ、老師は快く承認された。ここに私は、禅宗の坐禅と訣別し、ブッダの禅定を学ぶことを決意したのである。

東洋大学の時から関心を持っていた近代インド思想について、東大に移ってからもさらに調査を続けていた。ラーマクリシュナ、ヴィヴェーカーナンダ、オーロビンドを始め、タゴール父子、ラーマナ・マハーリシ、ガーンディ、ラーダクリシュナン等々である。そして昭和四十年、『近代インド思想の形成』として公刊した。実は、この問題も、先述のカントを基点とするドイツ観念論の究明も、無意識の底深い根底に関わっている。仏教全体がその根底からの目覚めであるから、こうした領域へ関心が赴くのは当然である。そしてあとで気がついたのであるが、仏教の外にさまざまな思想の領域に手を染めるのは、結局は人類に普遍的ないのちのふるさとを、無意識のうちに冀求していたからであったと思う。

その年の十月、一年あまりに及ぶ世界の旅に出た。直接の目的は、フライブルグ大学におけるハイデガー哲学（これについては終戦後、すでに熊本にいた時から読んでいた）の究明と、チューリッヒにおけるユングの深層心理学の勉学であるが、実はそれ以上に、さまざまな視点から欧米の文化を実地に見聞できたことは、東西思想を考える上にこの上もなく役立った。これについては、先述の著作に譲る。

世界の旅を終わって大学に復したとき、ちょうど学園紛争に巻きこまれ、しばらくはそのために時を過ごした。紛争がおさまった頃、すでに東大定年三年前であったが、そのある日、私は初めて、『ウダーナ』（『自説経』）に記されている三つの偈（詩）に出会ったのである。前に述べたブッダの解脱の光景である（本書三〇頁）。ブッダの目覚めの最初の一句に触れたとき、私自身のかつての大爆発の意味を初めて頷くことができた。その爆発の仕組みは、「形なきいのちが全人格体に顕わになる」ことだったのである。しかもそれと同時に、なぜあと戻りするかという理由も分かってきた。それはきわめて微妙な問題であるが、そのとき私は、これで目覚めた。安心だと思う、その自分は、顕わになったダンマから外に出ているのであり、いいかえれば、その自分には顕わになっていないのである。あと戻りしたと思うのは当然であろう。

私は、世界の旅以来、心の一隅にかかっていた、『新約聖書』のパウロを読んでみたいと思い、ウダーナに出会った年の夏、山形県の山中にこもった。邦訳『新約聖書』、三種の英訳本、ギリシア文と英文とを対照したもの、ノート一冊を持って、パウロの文書に読みふけった。この眼でパウロをたしかめたかったのである。

ところがまったく思いがけないことがおこった。ブッダのダンマとパウロのプネウマとが一つに融けあって、ピシリピシリと眼底に張りついてきたのである。俄然、私の精神状態が変わった。ブッダによってパウロがよく分かり、パウロによってブッダがいっそう鮮やかになってきた。いわば、ブッダとパウロが一つらなりに見え透いたように思われたのである。

ハギオン・プネウマ（聖なるプネウマ）を、邦訳では聖霊といい、英訳ではホーリー・スピリットとある。これでは霊やスピリットという観念に捕われて、真意が出てこない。そうではなく、プネウマは息であり、フーッと吐く神の息ぶきであり、見えざる神のいのちである。そのようなプネウマが、「ローマ書」「コリント前後書」のあちこちにちりばめられ、夜空の星くずのようにきらきらと輝いている。形なき純粋生命たるブッダのダンマと重なり合ったことはいうまでもない。そこから反照して、福音書の裏に流れているキリストの生命が鮮明に映し出されてきたのである。

私は、昭和五十一年三月、東京大学を定年となり、仙台の東北大学に移って、そこで三年を過ごすことになった。

仙台三年の間における最大の収穫は、業熟体についてブッダに学んだことである。原始経典を調べていると、ブッダは業熟体 kamma-vipāka（カンマ・ヴィパーカ）について、あちこちに説法されていることを知った。私はその箇所をすべて集め、パーリ文、漢訳、チベット訳を読みながら、できるだけ詳細丁寧に論文を草した。「原始経典における業異熟の究明」（『業思想研究』所収、後に業熟体と改める）である。あの厖大な経典のなかから、業熟体の説法に気づいたのは、外ではない、物心つく前から親鸞の宿業（しゅくごう）の教えを聞いていたからに相違あるまい。もしそうでなかったら見逃していたであろう。これもまた縁という外はない。

では、業熟体とはどういうことか。これについては、後に詳しく述べてみたいが、ここでひとまず挙げてみよう。ブッダの説法をまとめてみると、次の如くなろう。

「限りない過去から、生きとし生けるもの、ありとあらゆるものと交わりつつ、生まれかわり死にかわり、死にかわり生まれかわりしながら輪廻転生し、いま、ここに現われつつある私自身の統括体であると同時に、ありとあらゆるものと交わっているが故に、宇宙共同体の結び目である。私性の極みであるとともに公性の極みである。しかもその根底は、底なく深く、無意識であり、無智であり、無明であり、暗黒であり、あくたもくた、へどろもどろである」

これが業熟体である。そして「この業熟体にこそ、ダンマ・如来は、顕わになり、滲透し、通徹しつづける」ということが知られてきた。そして、このダンマの無限活動こそ、全仏道を包括する原態であることが明らかになってきたのである。原始経典の過去七仏も、したがってゴータマ・ブッダも、また、大乗経典の阿弥陀仏、久遠実成仏、毘盧遮那仏、大日如来もことごとく、このダンマの無限活動のなかから出現されてきたことは、それぞれの経典の示すとおりである。

このことが明らかになってきたのは、私にとってまさしく画期的なことであった。もし大きな三つの因縁を数えるとすれば、第一は大爆発、第二は「ダンマが顕わになる」、そして第三は「ダンマ・如来は業熟体に顕わになり、滲透し、通徹しつづけてやまない」という無限活動である。そしてこの第三の因縁によって、全仏道における重要な諸問題はすべて解決されることになった。

このことは、諸経典の学習に依ることはいうまでもないが、同時にブッダの禅定を習い続けてきた賜物である。ブッダの禅定なしに、とうてい明らかになるものではない。そしてその禅定を学べば学ぶほど、仏教をも超えてはるかに普遍的な人間そのものの課題であるという予感はますます確かめられてきた。

さて、このように述べてくると、私の求道はいかにも順調に進んでいるかのように見える。しかし実際はけっしてそうではない。山あり、川あり、谷あり、崖あり、喘ぎながら踏み歩いていく苦難の道であった。

これまで長いあいだ、目覚めてはあと戻りし、また目覚めてはあと戻りする、一進一退を繰りかえしてきた。ところが、目覚めとは「ダンマが顕わになる」ことと分かって以来、当然ながら禅定の度毎にダンマの顕現が求められる。それがなかなか顕わになってこないのである。つまり、これまでの繰りかえしと同じである。ただ禅定を重ねているうちに、ダンマの顕わになる回数の増えてきていることは確かである。

しかし、問題はダンマの顕わにならない場合である。いくら禅定を努めても努めても、どうしても顕わにならない状況がしばしば起こってくる。それが問題なのである。むしろ実際は、逆に、努めれば努めるほど顕わにならないという状況であり、そうなると、もう金輪際（こんりんざい）顕わにならないという思いに陥る。それはまさに仏道の破滅ではないか。そのために私はどれだけ絶望に落ちたか知れない。すでに還暦を過ぎている。もはやこの生涯では仏道成就は絶望的である。この絶望の苦しみはどうしようもない。それにも拘らず禅定を止めることができない。

昭和五十四年三月、東北大学三年の任務を終わって定年となり、その四月、日本大学文理学部に勤めることになった。その間、暫くの猶予を願い、三週間、入出息念定に入定することにした。朝晩の禅定は日々続けていたが、それを長時間持続してみようと思ったのである。

ブッダはある時期に、すべての弟子たちを退け、三カ月のあいだ入出息念定に入定しておられる。時期満ちて出定し、弟子たちに、入出息念定のままが如来住（これについては、あとで述べる）であった、と説かれている。私には勤めがあるので、三カ月は無理であるが、せめてブッダにあやかりたいと思い、三週間の入定を決行した。その間の前半は、一進一退の起伏、落差の区別が激しかったが、後半になると、次第に落差も薄まり、したがって意識よりも体そのものが禅定に馴致されていく方へ傾いてきた。しかしけっして平安ではなく、体の秘かな内部で苦悶が渦巻いていた。全体としては、安楽の法門であるどころか、むしろ苦行であったといえよう。

東北大学の勤めを終わって日本大学に移った六十四歳から、約十五年間は、いわば歓喜と絶望とのあざなえる縄のごとく、ほどけることはなかった。むしろ、ただ業熟体に苦しみ、悩み、業熟体を行じてきたといえよう。私はその折々の心境を、短句、あるいは我流の詩形で記してきた。

ところが、七十八歳の十二月十四日であったと思う。日常の何気ないときに、ふと気がついてみると、求め心が、ぽとりと抜け落ちていた。私は、おやっと思った。ただそれだけである。しかしそれ以来、入定ごとに、あたかも堰を切ったように、形なきいのち（ダンマ・如来）が、全人格体に通徹し、充溢し、大瀑流となって吹き抜けていく。その凄まじい勢いは何物にも譬えようがない。この老骨痩軀にさえこのように知覚するのであるから、いのちの活動そのものは、はるかに想像を絶するものであり、かつその実態をもはや否定することはできない。それは、われわれが自覚すると否とを問わず、限りなき過去から未来際を尽くし、全宇宙を包んで働きつづけて息まない、ダンマ・如来の無限活動である。この活動に包摂されてこそ、初めてわれわれは目覚めることができる。

ところで、あの求め心が脱落して入定ごとにダンマ・如来が顕わになり、通徹しつづけて以来、禅定はけっして一様ではなかった。凄まじいほどに変化していく。それはきわめて微妙甚深であり、とうていいちいち言葉に尽くすことはできない。しかもその間に、私は、これこそ禅定におけるダンマ・如来の働きの究極態であると、いくたび思ったかしれない。しかしそうではなかった。次の瞬間には必ず進展している。どこまでも深くなり続けていくのである。

ところが八十三歳の誕生日を迎える一月位前であった。いままでダンマ・如来が私自身に通徹しつづけていた、その方向が、突然、逆に向きを変えたのである。つまりダンマ・如来は通徹のあまり、私の全人格体から限りなく大空間に向かって放散されるようになったのである。そしてこの状態は、その後変わることはない。いいかえれば、ブッダの禅定を習いつづけていた私は、ついにブッダの禅定がそのとおりに私自身の禅定として実現したということができる。

そこで問題は、私自身の禅定として実現した。その体得において、禅定における解脱が真実として頷き得るか否か、ということである。さらにいいかえれば、その禅定は、どのように私自身に体得され、どのように私自身に実感され、私の全人格体、あるいは私自身は、禅定自体としてどのように動き続けていると意識しているか、ということに帰着する。この事態を、禅定自体において徹底して味嘗し究明することによって、解答はおのずから明らかになってくるであろう。

第二章　仏道の原態

一　解脱の原点

最近私に明らかになってきたのは、仏道の原態である。それはいったいどういうことであろうか。

ゴータマ（ブッダの俗名）は、苦行の後、菩提樹の下で入定（にゅうじょう）（禅定に入る）した。そしてあるとき大爆発がおこった。悟りが実現したのである。かくしてゴータマはブッダ（覚者、目覚めたひと）となったのである。

この悟りそのものについて、われわれはよくよく熟慮してみなければならない。というのは、私自身の二十五歳の時の体験でさえ、突如、大爆発、木端微塵、茫然自失、どれだけ時間が経ったか分からぬが、意識が戻ったと同時に、体の底から、むくむくと、歓喜がおこり、全身心が歓喜に包まれてしまったほどである。ましてゴータマは、ある夜ひそかに宮殿を脱出し、行者アーラーラ・カーラーマをたずねてともに修行し、先生と同じ境地に達したが、満足せず、次々にウッダカ・ラーマプッタに弟子入りして、ここでも同じ境地に達したが、満足できなかった。そこでゴータマは、他人(ひと)を頼りとせず、みずから命懸けの苦行を敢行した。それは落命すれすれの激しいものである。この苦行によって、不退の精進と忘失しない念力が得られた、とみずから言っている。そして入出息念定(入息、出息を調えて念を集中する)こそ解脱への道であると決意して菩提樹の下で入定した。かくして照る日も降る日も、ただ一心不乱に禅定をつづけ、ついに大爆発がおこったのである。まったくわれわれの想像を絶するものであったことは間違いない。

二 ダンマの顕現と人間の本性

かくしてブッダは、一週間おきに座を替えて、五週間ほど入定したまま、全人格体を通徹するダンマを心ゆくまで味嘗したのである。その揚句、次のように述べている。

「わたしによって体得されたこのダンマは、甚深であり、理解しがたく、悟りがたく、寂静で、すぐれており、分別の領域を超えており、微妙であり、賢者によって知らるべきものである」

といい、これにつづいて、

「しかるに世の人々は、アーラヤ（愛著）を楽しみ、アーラヤを喜び、アーラヤに喜悦する。実にアーラヤを楽しみ、アーラヤを喜び、アーラヤに喜悦する人々には、ダンマはとうてい理解できない。たとい私が説いても、私はただ疲れ果ててしまうだけであろう[1]」

といって沈黙する。

ダンマは非常に深くて、分別の領域を超えている。世の人々は自分自身に愛著しているため、ダンマを理解することは不可能である、という。

この発言は重大である。ブッダは人間に絶望したのである。ここには二つの意味が含まれている。一つには、ダンマが顕わになった状態と、人間の本性の状態とはまったく逆であること、二つには、ダンマが顕わになって初めて人間の本性が見えてきたことである。このことは、この稿の論述の基軸となっていく。

三　ダンマ・如来の無限活動

1　三世にわたるダンマの顕現

かくしてブッダは、自分が初めてダンマに目覚めたと思い、これ以後はダンマを尊重し、ダンマに依止して安住しようと決意した。そして梵天サハンパティ Sahampati の懇願によって、山を下りて説法活動に入った。しかし、次第に時を経るうちに、自分が初めて目覚めたのではなく、すでに過去の諸仏も同じようにダンマに目覚め、また未来の仏道者たちもまた同様であることを知るに至った。

たとえば、ブッダの意を汲んだ梵天サハンパティは次のように述べている。

「世尊よ、そのとおりです。善逝（ぜんぜい）よ、そのとおりです。過去世に阿羅漢（あらかん）であり、正等（しょうとう）覚者（かくしゃ）であった世尊も、ただダンマのみを尊敬し、尊重し、依止して安住しました。尊者よ、未来世に阿羅漢であり、正等覚者であろう世尊も、ただダンマのみを尊敬し尊重し、依止して安住するでありましょう。尊者よ、現在、阿羅漢であり、正等覚者である世尊も、ただダンマのみを尊敬し尊重し、依止して安住されかし(2)」

右の一節は、パーリ文では、梵天サハンパティの発言となっているが、『雑阿含』ではそのままがブッダの想念の内容であり、そのブッダの心を汲みとった娑婆世界主（サハンパティ）が、「是くの如し、是くの如し」と、繰りかえしてブッダに述べたことになっている。ブッダの真意であることは間違いない。つまりダンマとは、過去・現在・未来を通じて顕わになることが明らかである。いいかえれば、過去・現在・未来の三世にわたって永遠であるということができる。

2 ダンマすなわち如来

ところで、ダンマはやがて如来とも名づけられるようになる。ダンマは形なきいのちであり、如来もまた法身仏といわれるように、形なき仏である。その如来がブッダに自覚されて、世に現われてくる。もともとダンマも如来も形なきいのちでありながら、如来がブッダという形をとって世に出現するため、人格的になり、親しみが持たれてくる。

『アングッタラ・ニカーヤ』に、

「比丘たちよ、世に現われるところの一人（いちにん） ekapuggala は、多くの衆生の利益のために、多くの衆生の楽のために、世に対する慈悲のために、諸天と人間の利楽と利益と楽のために出現する。一人（いちにん）とは誰であるか。如来・阿羅漢・正等覚者である。……

比丘たちよ、一人が世に顕わになること pātubhāva は得がたい。一人とは誰であるか。如来・阿羅漢・正等覚者である。……

比丘たちよ、世に出現するところの一人は、無二のもの、伴なきもの、無比のもの、対比なきもの、比類なきもの、比肩者なきもの、等しからざるもの、等しきものなきもの、人間のなかの最高のものとして出現する。一人とは誰であるか。如来・阿羅漢・正等覚者である(3)」

といわれている。

ここでいう如来・阿羅漢・正等覚者とは、如来の十号とともに、原始経典から大乗経典にわたって用いられた永遠の如来を示していることは、すでに別稿(4)で論じたとおりである。その意味は、世の尊敬を受け、完全に悟りを開いた如来ということである。その如来は、まったく比類を絶したものであり、衆生利益のために世に出現した一人である、という。

右の文に類似した一節が、『法華経』「方便品」に示されている。

「シャーリプトラよ、如来・阿羅漢・正等覚者は、唯一の務め eka-kṛtya、唯一の為すべきこと eka-karaṇīya、また偉大な務め、偉大な為すべきことのために、世に出現する。では、シャーリプトラよ、唯一の務め、唯一の為すべきこと、偉大な務め、偉大な為すべきこととは何か。それは、如来の智慧 tathāgata-jñāna を示すことによって、衆生を教化するために、如来・阿羅漢・正等覚者は、世に出現する。

また、如来の智慧を示すことによって、衆生を見そなわすために、如来・阿羅漢・正等覚者は、世に出現する。また、如来の智慧を示すことによって衆生を悟入せしめるために、如来・阿羅漢・正等覚者は、世に出現する。また、如来の智慧を衆生に目覚めさせるために、如来・阿羅漢・正等覚者は、この世に出現する」(5)

この一節は、羅什訳『法華経』でいえば、「方便品」の有名な開示悟入(かいじごにゅう)の説示である。先ところで、『法華経』のいう如来・阿羅漢・正等覚者は、もとより永遠の如来である。先の『アングッタラ・ニカーヤ』において、如来は、衆生利益のために世に出現しているように、右の『法華経』においてもまた、如来は、衆生教化のために、世に出現している。いいかえれば、原始経典から大乗経典を通じて、永遠の如来が衆生済度のために世に出現していることが知られる。

しかも、先に論じたように、ダンマは過去・現在・未来を通じて顕わになっているのであり、いいかえれば、過去・現在・未来の三世にわたって永遠である。したがって如来もまたまったく同様である。つまり、三世にわたって顕わになりつづけているということができる。このことを、『法華経』「如来寿量品」には次のように説いている。

「究極の悟りに目覚めた anuttarāṃ samyaksaṃbodhiṃ abhisaṃbuddhasya わたしに

は、幾百・幾千・コーティ・ナユタ劫が過ぎた。善男子よ、それより以来、わたしは、この娑婆世界sahā-loka-dhātu、および他の幾百・幾千・コーティ・ナユタ劫の世界において、衆生にダルマを説いている[6]」

無限の過去に、究極の悟りを開いた如来は、それ以来、この現実の世界だけではなく、数え切れないほどの無数の世界の衆生に、今もなおダルマを説きつづけている、というのである。

以上のように、原始経典から大乗経典を展望してくると、ダンマ・如来は、あらゆる世界のあらゆる衆生に永遠に働きつづけていることが知られる。このダンマ・如来の永遠の無限活動こそ、全仏道の背景であり、根源態である。この仏道の原態のなかにおいて、初めて過去の諸仏はダンマに目覚めたのであり、現在のブッダも成仏しているのであり、未来の仏道者たちもまたダンマに目覚めるであろうと認知される。さらにまた、『法華経』では、すでに述べたように、久遠(くおん)の昔にダルマ(サンスクリット語)に目覚めて成仏し、永遠の如来となり、未来際を尽くして説法しつづけており、『無量寿経』では、法蔵菩薩がダルマに目覚めて阿弥陀仏(光明無量・寿命無量仏)となり、永遠にダルマを説きつづけており、『華厳経』では、毘盧遮那(びるしゃな)菩薩がダルマに目覚めて、宇宙に遍満する毘盧遮那仏(びるしゃなぶつ)(光明の仏)となり、一切衆生を目覚めさせつづけている。これらはすべて、ダンマ・如来の無限活動のなかにおいてこそ、初めて可能であるということができる。

　そして、もとよりそれだけではない。以上のことが認知され得るのは、私自身がブッダの説示する道に忠実に随い、学びつづけていくことによって、ダンマ・如来が私の全人格体に顕わになり、滲透し、通徹しぬいて全宇宙と一体となりつつ、果てしなく宇宙空間に放散していくなかで、仏道原態の無限活動に触れることができるからである。

註

（1） Vinaya, vol. I, pp. 4-5.『律蔵』南伝大蔵経、巻三、八頁。
（2） SN. vol. I, pp. 139-140. 南伝大蔵経、巻十二、相応部経典一・二三九頁。『雑阿含』巻四十四、大正二・三二二上参照。
（3） AN. vol. I, p. 22. 南伝大蔵経、巻十七、増支部経典一・三一―三二頁。
（4）「法華仏教における仏陀論の問題――原始経典から『法華経』へ――」（『法華仏教の仏陀論と衆生論』所収、昭和六十年、平楽寺書店）
（5） Saddharmapuṇḍarīka-sūtra, Vaidya Ed., p. 277$^{7-14}$. 岩波文庫『法華経』上、八九―九一頁。
（6） op. cit., Vaidya Ed., p. 190$^{4-6}$. 前掲書『法華経』下、一五―一七頁。

第三章　仏道の基幹線

一　業熟体

さて、ブッダは、衆生のすがたを業熟体 kamma-vipāka として捉えている。これはきわめて重大な問題である。いったい、業熟体とはどういうことであろうか。これについては別稿で詳しく論究したが[1]、ここでは、一、二の資料を引いて簡潔にまとめてみよう。

ブッダは次のように述べている。

「無明 avijjā におおわれ、渇愛 taṇhā に結ばれて、流れさまよっている衆生の、輪廻の本際 saṃsārapubbākoṭi は知られない[2]」

無明におおわれ、渇愛に結ばれていることが、まさしくわれわれの生の根源態である。われわれはそのような状態のままで流れさまよっていく外はない。いったいこの輪廻の状態はどれだけ続いているのであろうか。

「たとえば人が、この大地を、棗（なつめ）の種子 kolaṭṭhi 程度の土の小球 mattikā-gulikā となして、『これがわたしの父である、これがわたしの父の父である』といいながら置いていくとせよ。すると、その人の父の父たちは終らないのに、この大地はついに滅尽 pariyādāna してしまうであろう(3)」

同じように、母について、この世界の草や枝を折りながら、わが母の母を数えていっても、草や枝は尽き果ててなお母を数え尽くすことはできない、という。あるいはまた、われわれが流転輪廻している間に、歎き悲しみのために落とした涙の量は四大海水の量にまさる、ともいわれる。

このように見てくると、かつてわが父母でなかった衆生、かつてわが兄弟でなかった衆生、かつてわが姉妹でなかった衆生、かつてわが子でなかった衆生が、果たして見出せるであろうか。流転輪廻している一切の衆生は、ことごとくわが父であり、わが母であり、わが兄弟であることが知られる。

わが国の親鸞もまた同じ意味のことを語っている。

「一切の有情（うじょう）はみなもて世々生々の父母兄弟なり(4)」

要するに、業熟体とは、生きとし生けるもの、ありとあらゆるものの輪廻転生のすがたである。そしてブッダは、その他、さまざまな箇所で業熟体について説いているのであるが、これらをまとめてみると、およそ次の如くなるであろう。

「限りない過去から、生きとし生けるもの、ありとあらゆるものと交わりつつ、生まれかわり死にかわり、死にかわり生まれかわりしながら輪廻転生し、いま、ここに現われつつある私自身の統括体であると同時に、ありとあらゆるものと交わっているが故に、宇宙共同体の結び目である。私性の極みであるとともに公性の極みである。しかもその根底は、底なく深く、無意識であり、無智（むち）であり、無明（むみょう）であり、暗黒であり、あくたもくた、へどろもどろである」

業熟体は、自己の全存在を集約せる自己そのものであると同時に、無限の時空における一切との交絡にあるがゆえに宇宙共同体の結び目である。私的なるものの究極であるとともに、公的なるものの極限であり、もっとも自己的でありつつ、もっとも世界的であるということができる。しかも、意識から無意識へ底なく深まりつつ、したがってわれわれの認知を遥かに越えながら、宇宙共同体にまで拡充している。認知のきわまるところ、無智であり、無明であり、黒闇であり、あくたもくたである。衆生の苦悩も、現代世界の残酷な状況も、ことごとく業熟体そのものであるということができる。

このような業熟体にこそ、ダンマ・如来は顕わになり、滲透し、通徹しつづけるのである。そして、このことについて明確な形をとったのが、すでに大乗諸経典について論じたように、永遠の如来の一切衆生に対する永遠の説法にほかならない。

二　目覚めていく経路

ところで、ダンマ・如来が、仏道者の業熟体に顕わになり、滲透しつづけていくことによって、仏道者はみずから目覚めていく過程を辿っていくことになる。それがすなわち仏道の基幹線である。

では、われわれはどのような経路を辿って目覚めていくのであろうか。これについてブッダは、みずから身をもってその足跡を示している。その経路を区分すれば、初地・中地・終地である。地とは、自己の踏み立つ大地であり、みずからの拠るべき境地である。

1　初地

まず、初地である。初地の出発点は、ゴータマが菩提樹の下で入定している際に、「ダンマが顕わになったとき一切の疑惑が消滅した」という解脱の原点である。この刹那にゴータマはブッダになったのである。しかし解脱は、一度実現すれば、そのまま生涯を終わるまで必ずしも持続するものではない。目覚めの状態はしばしば途切れることが多い。たとえば、仏弟子ゴーディカの場合である。かれは修行して解脱に達した。しかしやがて後戻りする。これではいかぬと、さらに行じて解脱に至った。このときもまた後戻りした。かくして三度、四度、五度、六度、同じことを繰りかえし、七度目に解脱したとき、もはや後戻りしないように、剣をとってみずから命を断った。もとより自殺はきびしく戒律で禁じられている。しかしブッダは、かれは涅槃に入ったと称賛した。おそらく解脱第一主義をとったのであろう。

ここには深いわけがある。すでに述べた如く、ブッダは開悟したとき、その世界が世の人々には理解できないことを知り、人間に絶望して沈黙に入ろうとした。しかし、梵天サハンパティに懇請されて、ようやく説法活動を決意したのである。したがって解脱を人生の唯一の最高目標としたことは明らかである。

もう一つの例を見てみよう(5)。

ブッダが舎衛城にいたとき、尊者サンガーマジ Sangāmaji は、世尊に見えるために舎衛城に入ってきた。ところで、尊者サンガーマジの故の妻は、そのことを聞いて、その子供を連れてやってきた。そのとき尊者は、樹の下で日中の休息のため坐っていた。故の妻は、尊者に近づいて言った。

「沙門よ、小さな子供と私を養って下さい」

しかし、尊者は沈黙していた。故の妻は再三呼びかけたが応答はなかった。そこで故の妻は、

「沙門よ、これはあなたの子供です。養って下さい」

といって、尊者の前に子供を置いて立ち去った。しかし尊者は子供を見ることもなく、語りかけることもなかった。故の妻は、途中、振りかえってみると、尊者は依然としてそのままであったので、「この沙門は子供を求めていない」と思い、ふたたび尊者の許へ戻ってきて、子供を連れて立ち去った。その光景を見たブッダは次のようなウダーナを発した。

「来れるものを喜ばず、去るものを悲しまず、執著より解脱せるサンガーマジ、その人を私はバラモンと呼ぶ」

これは驚くべきことである。ブッダは何と無慈悲かと思うであろう。まるで、今問題になっている宗教教団を見る想いがする。ブッダは、解脱のためには、一切の俗事を犠牲にして顧みないのである。

さて、問題なのは、ゴーディカが解脱しては後戻りすることである。私もまた、ゴーディカと同じように、数限りなくその轍を踏んできたから、ゴーディカの気持はよく分かる。しかし、ゴーディカの最期の態度については、私は断固として拒否する。いかに後戻りし

ても、仏道者にとって不退転の境位を目指すことが何よりも大事であることはいうまでもない。

ところで、解脱の状態が持続しないのは仏弟子だけであろうか。実はブッダ自身がそうなのである。このことは、いくつかの物語りから推察されるが、もっとも明瞭なのは、ブッダが自らの禅定を深めつつ示された説法である。たとえば、象・牛・馬、金・銀などが眼に見える所では、それは有であるが、眼に見えない所では空である。禅定もまたそれと同様であるという。ここで禅定というのは四無色定のことである。

すなわち空無辺処の表象、識無辺処の表象、無所有処の表象、非想非非想処の表象である。空無辺処の表象というのは、虚空は限りがないというイメージである。そこでまず、空無辺処の表象に入定しているときは、それ以前のものは存在せず、それについての不安もなく、空である。しかし、いま住している空無辺処の表象は不空であり、不安である。やがて空無辺処の表象において解脱して、識無辺処の表象に至る。識無辺処の表象というのは、意識は限りがないというイメージである。そうすると空無辺処の表象は存在せず、空であり、不安もない。しかし識無辺処の表象は不空であり、不安である。さらに識無辺処の表象において解脱して無所有処の表象に至り、そこでも同様のことを繰りかえして非想非非想処の表象に至る。無所有処の表象とは、何ものもないというイメージであり、非想非非想処の表象とは、想うのでもなく想わないのでもないというイメージである。そこで非想非非想処の表象に至ると、もはや空無辺処・識無辺処・無所有処の表象はすべて存在せず、空であり、不安もない。しかし、非想非非想処の表象は不空であり、不安である。

さらにブッダは、非想非非想処の表象においても解脱して、最後に無相心三昧となるのである。無相心三昧とは、全人格体がまったく一つに集中統一してしまうことである。これまでは、いかに禅定が深まっても、なおそれぞれの境地を微妙に意識する表象、すなわち対象性が残っていた。しかるに無相心三昧になると、まったく対象性が払拭されて、全人格一体となり切ってしまう。譬えていえば、母親の胎内に宿った時の一点、ひとかたまりである。そしてこの無相心三昧のひとかたまりが、解脱し、しかもその解脱の境地にも留まらず、限りなく解脱しつづける。しかし、ついには身体にきわまり、もはや解脱もなく、袋小路に入ってしまう、というのである。いいかえれば、業熟体のきわまりである。

この説法は、きわめて合理的であり、貴重である。解脱しても、その状態が持続しない理由について、筋道を立てて示されている。ゴーディカも私も、単に後戻りしたのではなく、無意識のうちに深まったのであろうことが想像される。

ところで、解脱してもなお解脱しつづけるという軌道が、なぜ袋小路に入ってしまうのか。これについて、禅定において労苦を重ねたものには直ちに知られるであろう。解脱そのものは、「ダンマが顕わになる」事態であるとしても、その状態が途切れると、自ら奮起して、解脱を回復しようとして努力する。これは明らかに「自己から如来へ」の路線である。「ダンマが顕わになる」とは、「如来から自己へ」の路線であるのに、それが逆転している。その過が、たとい自覚されていても、それは避けようにも避けることのできない必然の路線である。単に仏弟子だけではなく、ブッダ自身がそうであり、みずから承認している。これがすなわち初地にほかならない。すなわち「自己から如来へ」の路線である。

2　中地

すでに述べたように、ブッダはゴータマ時代に、二人の師の許を去って苦行を修(しゅ)したが、これにも満足できなかった。そのとき、不図(ふと)想いおこしたのが、かつて行じたことのある調息である。つまり、呼吸を調えて入定すること、いいかえれば入出息念定である。そしてこれこそ涅槃への道であると決意して、菩提樹の許で入定した。またブッダは、開悟した後も、弟子たちにこれをすすめて、解脱に役立つことを説いている。(6)

そして、入出息念定が解脱に至る筋道を説いたのが『入出息念経』Anāpāna-sati-sutta である。(7) ここでは、調息しながら、身念処(しんねんじょ)から受(じゅ)念処へ、受念処から心(しん)念処へ、心念処から法(ほう)念処への順序が明らかにされている。すなわち身受心法の四念処である。

まず身念処である。入息・出息を調えているうちに、体が安らかとなり、やがて体そのものが呼吸するようになり、貪りや悩みが消える。さらに呼吸が調ってくると、何ともいえぬ喜悦や安楽の感じが体の底からおこり、体も忘れて、ただそうした感受だけになる。それが受念処である。さらに呼吸が深まってくると、体も感受も、心そのものに納まって心一体となる。それが心念処である。このように、身から受へ、受から心への道程を見ると、外面から内面へと統一されていることが知られる。かくして、心一体が調息しているうちに、ついにダンマのみの働きとなって解脱に至る。これが法念処である。以上のような入出息念定は、すべての生あるものに与えられている呼吸を調えるだけで、ここには何等の教理も介在しない。そしてそのままが解脱の実現となるのである。

あるときブッダは、この入出息念定に、長期にわたって入定したことがある。すなわちブッダは、コーサラ国のイッチャーンガラ村の森に住して雨安居（うあんご）を過ごした。雨安居とは、雨期三カ月のあいだは外出せず、一定の場所に住して修行することである。そのときブッダは、ただひとりの食事を運ぶ比丘だけを認めて、あとはすべて人払いし、しかも三カ月という長期にわたって禅定に入った。その禅定が入出息念定である。

かくして三カ月の安居を終わったブッダは、入出息念定がそのまま如来住 tathāgata-vihāra であった、と説いている(8)。如来住とは、如来がブッダに顕わになって、ブッダの人格体が如来に包徹され尽くすことである。如来がブッダに住し、ブッダが如来に安らって、如来とブッダとが融け合って一体となることである。その状態を、

「煩悩が尽きはて、修行が完成し、なすべきことがなされ、重荷をおろし、理想に達し、根が断たれており、本を失えるターラ樹のごとくされて、絶無となっている」(9)（取意）

という。

つまり、如来がブッダの人格体に滲透し、ついに業熟体の底まで通徹し根絶してしまったということができる。これは明らかに「如来から自己へ」の方向を示している。いいかえれば、ブッダにおいて、「自己から如来へ」の路線が、「如来から自己へ」の路線に転換したと見ることができよう。これがすなわち中地である。

しかしこれは、何もブッダだけのことではない。ブッダの示す道筋に従って忠実に行じていけば、われわれ自身もまた、まったくブッダと同様に如来住に安らうことができる。すなわち、形なきいのちそのものの如来が、私の全人格体に充溢すると同時に、私そのものは片影もなく絶無となるのである。まさに「如来から自己へ」の路線の帰結である。そしてブッダだけではなく、私自身がそうなって初めて、この稿を書きつづけることが可能である。

ところで、先の初地においても、全人格体が同じくひとかたまりになりつつ、解脱しつづけたのに、そこではなぜ袋小路に入ってしまったのか。そしてここでは、同じひとかたまりが如来住として、なぜ転換し得たのか。

初地において袋小路に入ってしまったのは、まさしく業熟体の故である。業熟体の底知れぬ淵から立ちのぼってくる微妙な我執のために、仏道者はどうしても「自己から如来へ」の路線を辿らざるを得ない。いかに解脱しつづけても、努力すればするほど、ますます我執は業熟体から立ちのぼる。「自己から如来へ」の路線は必然的である。それにもかかわらず、ダンマ・如来は業熟体に滲透し通徹しつづけてやむことがない。まさにダンマ・如来の無限活動という仏道の原態のなかで、われわれは行じているのである。専念しつづけていけば、否でも応でも、いつとは知らずに、業熟体の縁熟して、「自己から」の路線が「如来から」の路線へ逆転しないはずはない。しかし考えてみれば、「ダンマ・如来が顕わになる」というのが解脱の原点であった。「自己から」ではなく「如来から」である。その点からいえば、初地から中地への移行は、業熟体もろともに解脱の原点に復帰したということができよう。

3 終地

最後に終地とはどういう境地であろうか。すでに中地において、業熟体もろともに解脱の原点に帰ったのであるから、それ以上の転換が必要なのであろうか。たしかに中地において、「ダンマ・如来が業熟体に顕わになる」という解脱の原型が充足したという意味で、仏道の根基は成就したといわねばならない。それがブッダの如来住として現われたのである。そしてその境地は、業熟体が根こそぎに絶滅して絶無となっている。裏をいえば、全人格体が如来のいのちに充足されているということができる。これはきわめて重大である。これについて少し別の方面から見てみよう。

ブッダにおいては、念仏と禅定とは一つである。念仏がそのまま禅定であり、禅定がそのまま念仏である。中国仏教で浄土教と禅宗が分かれ、日本仏教はそれを受けついだ。禅定といえば禅宗に属し、念仏は浄土教の占有物となった。二つに分かれたためのプラス面もあるが、現代ではマイナス面だけが残った。今日では、浄土教も禅宗もブッダの原点を深く省みる必要がある。浄土教はそこから活き活きとした本願力を汲みとることができるし、禅宗は原点に復帰することによって、いままで禅宗が知らなかった業熟体に頭を垂れることを学ぶであろう。

さて、ブッダにおいては念仏とは、如来の十号を唱えて、如来を憶念することである。称名念仏の始まりである。如来を憶念しているうちに、全人格体にダンマが滲透し、禅定が深まりつつ、ついに「ダンマの流れに入ったもの」となる、という。念法・念僧においても途中の過程はまったく同じで、最後には「ダンマの流れに入ったもの」となる。この「ダンマの流れに入ったもの」というのは、如来のいのちの流れのなかに、あるいは如来そのもののなかに、全人格体がすっぽりと入ってしまうことである。これはまさしく中地の如来住にほかならない。

もうひとつ、ブッダの別の資料に当たってみよう。右に述べた念仏・念法・念僧、すなわち帰依三宝は、全仏教を貫く仏道者の根本態度である。この三宝に対する透徹した信心について説かれている。すなわち、この透徹した信心を持ち得たものは、「ダンマの流れに入ったもの」となり、「決定して正覚に至るもの」となる、といわれている。「決定して正覚に至るもの」というのは、いわゆる不退の境位である。正定聚不退転である。不退の境位では、もはや退くことがないから、ともあれ全仏道者がこの境位を目指すことはいうまでもない。ここでもまた、中地の如来住が不退の境位であることは明らかである。

こうした中地に対して、終地とはどういうものであろうか。ブッダは信心の確立したものについて、『起世因本経』Aggañña-suttanta のなかで、次のように説いている。

「信が如来において、確立し、根ざし、定立し、堅固となり、沙門によっても、バラモンによっても、天によっても、悪魔によっても、ブラフマンによっても、また世間のいかなるものによっても動揺しない人は、世尊自身の子であり、ダンマから生まれたもの、ダンマから現われたもの、ダンマの相続者である。実に如来と同義語であり、法身とも法体ともいう」[10]（取意）

これは、信心が如来において確立してけっして動揺しない人のことをいっている。信心が確立しているということは、すでにダンマによって通徹されているということである。すなわち不退の境位であり、中地にほかならない。そして重要なのは、この不退の人がどうなっているかということである。それがすなわち、世尊自身の子であり、ダンマから生まれたもの、ダンマから現われたもの、ダンマの相続者である、というのである。

ダンマから生まれたものというから、世尊自身の子というのは如来の子にほかならない。すなわち、如来の子であり、ダンマから生まれたものは、ダンマの相続者である。ダンマを相続するということは、未来に向かって第一歩を踏み出すということである。この未来への第一歩というのが、すなわち終地に外ならない。終地は、そこで完結するのではなく、それから真の仏道が始まるのである。

ところで、中地、つまり不退の境位は如来住であった。如来住では、業熟体が根絶し、我執が根こそぎ消えて絶無となった。その絶無に留まることができず、ダンマから生まれ、現われ、ダンマの相続者となって、中地から終地へ出ていくのである。それは、如来とも法身ともいわれる。いいかえれば、如来の働きであり、法身の働きであるということである。つまり、終地は現在から未来を指向しているのであり、ダンマの相続者としての未来への第一歩は、如来すなわち法身の働きとして踏み出すことである。

ところで、この終地の境地は、禅定においてはどのような状況を指すのであろうか。それはまさしく、ブッダにおける開悟直後の三夜の偈のうち、最後の後夜の偈、

「実にダンマが、熱心に入定しつつある修行者に顕わになるとき、かれは悪魔の軍隊を粉砕して安立している。あたかも太陽が虚空を照らすがごとくである」

という一句に相当しているということができよう。

つまり、ダンマがブッダの全人格体に顕わになり、滲透し、通徹して一切の煩悩を粉砕し、さらに太陽が虚空を照らすように、全宇宙を照らし抜いている。それは、ブッダ自身ではなく、まさしくダンマの働きなのである。

このことを、ブッダに学ぶ私自身の禅定においてみるとき、ダンマすなわち形なきいのちそのものが私の全人格体を通徹し、かつ充溢し、さらに全人格体から宇宙空間に向かって限りなく放散されていく。ダンマが私の人格体から空間に放散していくそのことが、仏

道者としての私自身からいえば、現在から未来へ踏み出していくことである。しかしその働きは、もとより私自身ではなく、ダンマであり、如来であることが明らかである。このことを、右の一節にも「ダンマから生まれたもの、ダンマの相続者は、如来であり、法身である」といっているのである。ここでとくに重要なことは、そのことが自己自身の禅定において頷かれるということである。頷かれて初めてこれまでの論述が意味を持つことができる。このことはとくに重要である。

さて、右の「世尊自身の子であり、ダンマから生まれたもの、ダンマから現われたもの、ダンマの相続者である」という一節は、『法華経』その他の大乗諸経典に受け継がれている。ただパーリ語が、サンスクリット語、漢訳、チベット語訳になっているにすぎない。

ここでは、『法華経』の例を示してみよう。できるだけ簡潔に述べてみたい。『法華経』「方便品」第二において、仏は「妙法蓮華の法門」を説き始める。それがすなわち一仏乗の説法である。この説法を聞いたシャーリプトラ Sāriputra（舎利弗）は、歓喜のあまり、「譬喩品」第三において仏に訴える。

「世尊よ、私は世尊から親しくこのような妙音を聞いて、不可思議な気持であり、歓喜に満ちております。それは何故でしょうか。私は以前世尊から説法を聞いたとき、小乗の教えを施されたと思っていました。しかしそれは、私の過失であって、世尊の過失ではないと思いました。と申しますのは、私はそのとき急いでその法を奉持し、修習し、思惟しました。そのために小乗になってしまったのです。

しかるに今や、世尊よ、一仏乗の説法を聞いて、私は涅槃に達しました。世尊よ、私は完全に涅槃に達しました」(取意)

といい、

「世尊よ、今日、私は、もっともすぐれた世尊自身の子であり、ダルマ dharma(サンスクリット語)から生まれたもの、ダルマから現われたもの、ダルマの相続者であります」[11](取意)

と述べている。

右の一節は、先の原始経典『起世因本経』のそれが、ただパーリ語からサンスクリット語に変わっただけで、まったく同じである。そうしてみると、シャーリプトラが『法華経』において小乗から大乗へ転換した境地が、すでに原始経典に現われていることになる。しかも原始経典の『不断経』Anupada-sutta では、[12]おそらくサーリプッタ Sāriputta(舎利弗)の晩年であろう、ブッダはサーリプッタをほめたたえている。すなわち、

「サーリプッタは、聖なる戒・定・慧・解脱において自在を得、究極に達している」

といって、先の一節、

「世尊自身の子であり、ダンマから生まれたもの、ダンマから現われたもの、ダンマの相続者である」[13]

と述べている。

つまり、『法華経』において、シャーリプトラが小乗から大乗へ転換したことが、すでに原始経典において先取りされていることが知られる。しかも、『起世因本経』の漢訳の一つである『白衣金幢二婆羅門縁起経』には、「三界一切、悉是我子」[14]なる一句が見えるが、これはいうまでもなく、『法華経』の根本趣旨である。この点から見ても先取りは明らかであろう。

さて、以上のように論述してくると、仏道の基幹線は、原始経典から大乗経典を貫いていることが明白であるといわねばならない。しかもその基幹線はすでに原始経典において成立しているのである。

ところで、仏道の基幹線、初地・中地・終地の三地について述べ終わったが、この三地は仏道者の足跡としての規範を示したものである。しかし、これはあくまでも規範であって、実際にはけっしてこのとおりにゆくものではない。人によって進み方はさまざまである。ジクザクに一進一退する場合もあり、初地からいきなり終地に進むこともあり、あるいは初地・中地を越えて、端的に終地に入ることもある。終地に入ったと思っても、初・

中・終を繰りかえし繰りかえし、行じていくことにもなる。それほど業熟体は、底知れず深いからである。そして初・中・終を繰りかえせば繰りかえすほど、私自身の根底、輪廻の根底はますます無明であることが知られる。そしてまさしく無明なればこそ、ダンマ・如来は私自身に通徹し、奔騰して息むことがない。それなればこそ、終地から未来へと踏み出す決断と実践が生まれてくるのである。

註

(1) 「原始経典における業異熟の究明」(『業思想研究』所収、一九七九年、平楽寺書店)。当時は漢訳の「業異熟」という名称を用いたが、その後内容的に検討して「業熟体」に改めた。
(2) SN., vol. II, p. 178. 南伝大蔵経、巻十三・二六一頁。
(3) ibid., p. 179. 同、二六二頁。
(4) 『歎異抄』第五条、『定本親鸞聖人全集』四、八―九頁、昭和四十四年、法藏館。
(5) Udāna, pp. 5-6. 『自説経』南伝大蔵経、巻二十三・九一―九二頁。
(6) Kakudha-vagga, AN., vol. III, pp. 120-121. 南伝大蔵経、巻十九・一六六―一六八頁。
(7) Ānāpāna-sati-sutta, MN., vol. III, pp. 78-88 南伝大蔵経、巻十一下・八三―九六頁。
(8) Ānāpāna-saṃyutta, SN., vol. V, pp. 325-326. 南伝大蔵経、巻十六下・二〇一―二〇二頁。

（9） ibid., p. 327. 同、二〇三―二〇四頁。この一節は、解脱が実現したときの定型句。

（10） Aggañña-suttanta, DN., vol. III p. 84. 南伝大蔵経、巻八・一〇三頁

（11） Saddharmapuṇḍarika-sūtra, op. cit. p. 44^{3-18}. 岩波文庫、一三五―一三七頁。

（12） Anupada-sutta, MN., vol. III, pp. 25-39.『不断経』南伝大蔵経、巻十一巻下・一―八頁。

（13） ibid., p. 29. 同、七頁。

（14）『白衣金幢二婆羅門縁起経』巻上、大正一・二一八上。

第四章　宗教を超える真理

一　いのちの開示

頭も心も魂も、そして身体も、全人格が一体となって営むとき、いつのまにかダンマ・如来が顕わになり、滲透し、通徹して、形なきいのちの世界が開かれてくる。われわれは、これまでブッダによって、思想や言葉を超えるこのような世界を身をもって体得し、かつ認知することができたのである。このようないのちの開示は、たしかにその後の仏教の展開の根拠にはなっている。しかし開示そのものは、仏教の枠組みを超えている。一個の人間にいのちが開かれたのである。開かれてみれば、いのちそのものが動いてきたことが明白である。いのちからいえばおのずからなる流れである。

しかし、さらに踏みこんでみれば、これはいったいどういう意味なのであろうか。全人格体が一点となるまでに集約されて、やがていのちに通徹されるとき、直証的に明らかになることは、すべてが果てしなき宇宙そのものと融け合っていることである。それはいのちそのものの宇宙的充足であるといえよう。しかも充足だけではなく、一切の煩悩を粉砕し、全人格体を突き抜けて全宇宙を照らし抜いたように、前景へと踏み出さしめるのである。

このような世界が開かれるということは、日常の現実とはまったく次元を異にした異質的なことである。それは、開かれる以前には想像だにできなかったことである。それゆえに、開かれる以前と以後との対比がくっきりと浮かび上がってくる。いいかえれば、開かれて初めて、開かれる以前の世界の状況が気づかれるのである。

しかも、初地・中地・終地の三地について論じたように、ひとたびいのちが顕わになっても、その状態は持続することができず、全人格体は閉じられてしまう。そうしてみると、開かれないというのは以前ではなく、現実の世界である。そしてまた、まったく思いもかけないときに、さっと顕わになってくる。いくたびダンマが顕わになることを体験しても、それはつねに意表を突き、意表を超える境位である。さらにその後、縁が熟して入定のたびごとにその境位が開かれてくるようになる。しかし同時にそのたびごとに、それが思いの限りを超越した新天地であることが知られる。それだけに閉じられた現実の世界は、きびしく、精妙に、省察される。しかしいくたび省察されても、そのたびに忘却の彼方に放逐されてしまうほどである。

さらにつづいて、齢を重ねて行じているうちに、ついに求め心が消えて、ただ打ち任せて入定するようになった。そのとき初めて、まったく思議を超える大いなる力が、怒濤のように全人格体に溢れ出してきた。そして我に関わる一切の微妙な糸がことごとく切れ果ててしまった。それはまさしくいのちのひとり働きである。そして入定のたびごとにそうなってきたとき、出定して日常の現実に戻っても、いのちのひとり働きの余韻が次第に厚くなって、開かれた世界と閉じられた世界とが、同時に眼に映るようになってきた。開かれた世界とは、もとよりいのちの世界であり、閉じられた世界とは、すなわち業熟体である。

業熟体とは、すでに述べたように、無限の過去から輪廻転生しつつ、いま、ここに、刹那刹那に現われつづけている自己の統括体であり、同時にそれは、生きとし生けるもの、ありとあらゆるものと交絡しつづけているが故に、宇宙共同体の結び目である。もっとも私的なるものであると同時に、もっとも公的なものである。その根底は、底なく深く、無智であり、無明であり、無識であり、黒闇であり、混沌であり、へどろもどろであり、あくたもくたである。すなわち閉じられた世界である。

その閉じられた世界が、年を重ねるにつれて次第に、開かれた世界のなかに浮かび上がってきた。そして、その経緯を反芻しているうちに、ブッダのみならず、他の聖者、哲人の境位にもおのずから通ずるようになってきたのである。

1　表舞台と舞台裏

この二つの世界をどのような名称で呼べばよいのであろうか。閉じられた世界とは、ただそれだけでは、閉じられているということにも気づかない現実のものである。われわれは母親の胎内に宿り、生まれてこの世に現われ、あらゆるものと交わり、仕事を得て活動し、その間に病苦に悩み、やがて老いさらばえて死滅し、消える。ただそれだけである。たといどのような生涯を過ごそうとも、一場の夢にすぎない。その夢が、開かれた世界のうちに、眼の前に浮かぶ、正面であり、表である。それゆえに、閉じられた世界を表舞台と名づけてみよう。その表舞台がいのちによって支えられており、開かれていく。それはあたかも表がびっしりといのちに裏打ちされているようなものであり、開かれたいのちの世界を舞台裏と名づけることができる。表はつねに裏打ちされていることが重大である。底知れぬ闇は、いのちによって開かれていくのであり、黒闇の業熟体は、いのちに通徹されて、おのずから進むべき道が開示される。その道の開示を裏から表へのメッセージと見ることができよう。

2　諸聖の全人格的営み

ブッダにおいては、ダンマが業熟体に顕わになるということが、ダンマの顕示というメッセージであり、キリストでは、福音が神の世界へのメッセージである。孔子は、天命という訪れを受けとめて、次第にそれが人格体に熟しており、ソクラテスはダイモーンの声を聞きつつ行動を律している。（その他の諸哲もまた同様である。）

ここでとくに注目すべきことは、全人格的営みである。ブッダにおいては、いうまでもなく禅定であった。キリストは、しばしば祈りを実践している。あるいは、ひとりひそかに山へ登って祈り、あるいは、朝早くさびしい所へ行って祈り、あるいは、山へ行って夜を徹して祈っている。[1] そうしたかれの祈りは、神のいのちと交わっている所の全人格的営みというべきであろう。また、孔子はあるとき、病がひどくなった。弟子の子路が「祈らせて下さい」というと、孔子は「そういう先例があるか」と問いかえした。子路は「あります。『爾(なんじ)を上下の神祇(じんぎ)に禱(いの)る』といわれています」と。すると孔子は「丘の禱るや久し」といった。「わたしは久しい間、天地神明に祈っているよ」というのである。[2] これもまた、孔子の全人格的営みである。さらにまた、ソクラテスはしばしばアテナイの町角に佇んで冥想している。仏教の禅定を坐禅とすれば、ソクラテスの冥想は立禅というべきであろう。

このように各人は、それぞれの形において全人格的営みを実行している。私自身はブッダの教えに従って、その目指す所が全人格的営みにおいて実現している。それなればこそ、これから例示しようとする諸聖・諸賢の根源、すなわち裏から表への通徹、メッセージの意味が諒解されるのである。諒解の根拠は、どこまでも、いま、ここに開示されているいのちそのものにほかならない。これなくしては、すべての例示は無意味となるであろう。

二　ブッダとキリスト

1　目覚めの始まり

ブッダとキリストを比べてみると、根源において同質であるばかりでなく、表現においても、きわめて似ているか、あるいはまったく同じことが語られている。ブッダとキリストは、もっとも類似したものであるということができよう。

ブッダにおいて目覚めの始まりは、「ダンマが顕わになること」であった。それに対してキリストにおいては、ガリラヤを出てヨルダン川に現われ、ヨハネの所でバプテスマを受けたときである。キリストがバプテスマを受けて水から上がると、天が開いて、神のプネウマが、鳩のように降りて、自分の上に現われるのを見た。そのとき天から声があり、

「これはわたしの最愛の子であり、わたしはそれに満足している」[3]

というのである。ここでは、プネウマがキリストに顕わになったということが、かれの宗教的開覚の原点であるということができる。

ここで神のプネウマ（ハギオン・プネウマ、聖なるプネウマともいう）とは、神の息吹きであり、神のいのちそのものである。それを聖霊と和訳し、the Holy Spirit と英訳するから、文字のイメージに捕われて真意を見失ってしまう。すなわち、舞台裏の神のプネウマが現実のキリストの表舞台に顕わになっているのである。

ところで、ブッダは目覚めた後、直ちに起ち上がって説法活動に入ったのではなく、菩提樹の下で七日のあいだ入定し、次に菩提樹を去ってアジャパーラ樹の下で七日のあいだ入定し、かくして七日ごとに、アジャパーラ樹から、ムチャリンダ樹、ラージャーヤタナ樹、アジャパーラ樹というように五・七、三十五日のあいだ、入定して解脱の安楽を受けている。[4] そのあいだにさまざまなことを経験しており、おそらくダンマはブッダの人格体にますます滲透していったことと思われる。

キリストもまた、ヨルダン川でバプテスマを受け、天から聖なるプネウマが降った後、

直ちに宗教活動へ出たのではない。かれは、聖なるプネウマに充たされて荒野を放浪する。すなわち四十日のあいだ断食のまま荒野をさまよい、サタンの試みを受けている。(5)

かくして目覚めた後、ブッダは三十五日、キリストは四十日、それぞれその間に、形なきいのちがおのおのの人格体に滲透したと思われ、その後初めて両者は活動を開始するのである。

2　ダンマとプネウマに対する人間の逆倒

ところで、ブッダとキリストにおいては、その人間観が同様にダンマやプネウマに対して逆倒したものとなっている。ブッダはみずから目覚めたダンマについて、次のように述べている。

「わたしによって証得されたこのダンマは、甚深であり、理解しがたく、悟りがたく、寂静で、すぐれており、分別の領域を超えており、微妙であり、賢者によって知らるべきものである」

といい、さらにつづいて、

「しかるに世の人々は、アーラヤ(愛著)を楽しみ、アーラヤを喜び、アーラヤに喜悦する。実にアーラヤを楽しみ、アーラヤを喜び、アーラヤに喜悦する人々には、ダンマはとうてい理解できない。たとい私が説いても、私はただ疲れ果ててしまうだけであろう[6]」

といい、「たとい人々にこれを説いたとしても、わたしはただ疲れ果てるだけであろう」と述懐している。

これに対してキリストは、「ヨハネ福音書」に、

「わたしは父にお願いしよう。そうすれば父は、いつまでもあなた方と共に留るように、別の助け主をあなた方に与えるであろう。それは真理のプネウマである。この世はそれを受けいれることができない。なぜならそれを見ようともせず、知ろうともしないからである[7]」

と述べている。

ブッダはダンマに目覚め、キリストはプネウマを受けて、神の子たることが証（あかし）されたが、しかし、そのダンマもプネウマも、世の人々はまったく理解できないことが記されている。

3　形なきいのちとしてのダンマとプネウマ

次に、ダンマとプネウマは、形なき永遠のいのちであるということができる。ブッダは、前項で述べたように、「わたしによって体得されたこのダンマは甚深であり、理解しがた

く、悟りがたく、寂静で、すぐれており、分別の領域を超えて」いるといっている。われわれはブッダの教えに従って入定しているうちに、われわれ自身に顕わになったダンマを、まったく形なきいのちであるというほかはない。

　これに対して、キリストの聖なるプネウマは、パウロが述べているように、

「われわれの眼は、見えるものに注がれてはならない。見えないものに注がれるべきである。なぜなら、見えるものは一時的であり、見えないものは永遠だからである[8]」

という。

　つまりプネウマは、目に見えないもの、永遠のもの、形なきものである。しかもプネウマは、神の息吹きであり、いのちそのものである。いいかえればプネウマは、形なき永遠のいのちであるということができる。ダンマもまた、すでに論じたように、過去・現在・未来にわたって永遠に活動しているものである。したがってプネウマと同様に、形なき永遠のいのちであることに変わりはない。

　そのダンマもプネウマも、ブッダやキリストによって直接経験されているのである。ブッダにおいては、ダンマが自己自身に顕わになっているのであり、キリストにおいては、ヨルダン川でヨハネからバプテスマを受けて、水から立ち上がったときにプネウマを授かっている。それゆえに、ブッダにおいては、

「世尊によって、よく説かれたダンマは、現実に経験されるものであり、即時にあらわれるものであり、いざ見よというものであり、(涅槃に)導くものであり、それぞれ智者によって知らるべきものである」[9]

といわれる。

キリストもまた、聖なるプネウマに満ちて、四十日の荒野の放浪を始めたのであり、そのあと、プネウマの力に満ちあふれて、ガリラヤへ帰り、宗教活動に入っている。[10]あるいはまた、次のようにいわれている。

「そのとき、イエスはプネウマに喜びあふれていわれた、天地の主なる父よ、あなたをほめたたえます。……と」[11]

これによって、キリストもまた、聖なるプネウマをつねに経験していたことが知られる。

4 相続者としてのダンマとプネウマ

さて、ダンマもプネウマも相続者として説かれているのであるが、このことは、ブッダとキリストの根源的同質性による当然の帰結であるといえるかもしれない。しかしこうしたことまで、ブッダとキリストにおいて表現が合致していることは驚くべきことである。ダンマの相続者、プネウマの相続者というのは、ダンマやプネウマをそれぞれ背負うて、未来に立ち向かう態度である。

まずブッダを見てみよう。

「信が如来において確立し、根ざし、定立し、堅固となり、沙門によっても、バラモンによっても、天によっても魔によっても、ブラフマンによっても、また、世間のいかなるものによっても、動かされない人は、いみじくも次のようにいう、『わたしは世尊自身の子であり、その口より生まれたもの、ダンマより生まれたもの、ダンマより現われたもの、ダンマの相続者である』と[12]」

これに対してパウロでは、

「もし神のプネウマがあなた方の内に宿っているなら、あなた方は肉にいるのではなく、プネウマにいる。もしキリストのプネウマを持たなければ、その人はキリストのものではない。……神のプネウマに導かれるすべてのものは、神の子である。……もし子であれば相続者でもある[13]」

という。

これはパウロの言葉であるが、キリストの意を受けていると見てよいであろう。ブッダでは、信が如来において確立しているものは、世尊の子であり、ダンマから生まれたもの、いいかえればダンマの子であり、そしてまたダンマの相続者である、という。これに対してパウロでは、神のプネウマは、キリストのプネウマであり、そのプネウマの宿っているものは、神の子であり、神の相続者である、という。このように、それぞれ相続者であるということは、世尊の子、ダンマの子として、あるいは神の子、プネウマの子として、未来に向かって一歩を踏み出すことにほかならない。

ではこのように、世尊の子、神の子として未来に立ち向かう力は、どこに起因しているのであろうか。いっそう主体的に見れば、いかにしてこのような力が出てくるのであろうか。

「ヨハネ福音書」で、

「わたしが与える水を飲むものは、いつまでもかわくことがないばかりか、わたしが与える水は、その人のうちで泉となり、永遠のいのちに至る水がわきあがるであろう」[14]

といい、同じく、

「もし誰でも渇くものがあれば、わたしの所にきて飲ませよ。わたしを信ずるものは、聖者が語るように、その腹から生ける水が川となって流れ出るであろう、と。これは、イエスを信ずる人々が受けようとしているプネウマを指していわれたのである」[15][16]

といい、さらにまた、

「プネウマこそ生かすものである。肉は何の役にもたたない。わたしがあなた方に語った言葉は、プネウマであり、生命である」[17]

という。

ここに挙げた三つの引用は、すべて「ヨハネ福音書」であるが、これをまとめてみると、プネウマは、人を生かす、永遠のいのちの水であり、そのプネウマの宿っている人は、永遠のいのちの水がその腹から涌きあがって流れ出る、というのである。これは単なる譬喩ではなく、キリスト自身の経験を語っている。永遠のいのちを水に譬えて、そのいのちがキリストの腹から、あるいは全人格体から噴出するのである。しかもそれはキリストだけではなく、神を信じキリストを信ずるものは誰でもそうなるのである。

では、ブッダの場合はいかがであろうか。実は同じことが説かれている。先に「解脱の原点」について三つの偈（ウダーナ）が示されたなかで、第三の後夜の偈に注目してみよう。

「実にダンマが熱心に入定しつつある修行者に顕わになるとき、かれは悪魔の軍隊を粉砕して安立している。あたかも太陽が虚空を照らすがごとくである」[18]

これは、ダンマがゴータマに顕わになって、次第にゴータマの全人格体に滲透し、ついに通徹した最後の偈である。そのときダンマは、一切の煩悩を打砕して、あたかも太陽が虚空を照らすように、全宇宙を照らし抜いたのである。そのときゴータマはブッダとなった。つまり、ブッダの全人格体からダンマが噴出して全世界に張りわたっている。

しかも、それはブッダだけではない。ブッダの教えに従って行ずることによってわれわれもまた、われわれ自身の全人格体からいのちそのものが涌き出ることを経験することができる。それはけっして想念ではなく、物理的にこの身体から途方もないエネルギーが涌出する。それなればこそ、ブッダやキリストにおいて、ダンマやプネウマの噴出はまったく同質であることが頷かれるのである。それなしに、両者の同質性を論ずることは、単なる観念、あるいは推量でしかない。そしてまさにこのことが、先に述べたダンマの相続者、神の相続者の原動力であるということができよう。なぜなら、ダンマあるいはプネウマに満ちあふれ、押し出されて未来へと立ち向かっていくからである。

以上、ダンマとプネウマを軸に、数々の視点から、ブッダとキリストが根源的に同質であることを見てきた。これほどまでに両者の同質性が明瞭なのである。仏教とキリスト教は、その同質性にもとづいて、文化と民族の異質性によって、互いに別の宗教として展開したものにほかならない。

三　パウロ

パウロについては、先の神の相続者の例にも見たように、キリストとパウロとは切り離すことはできないが、パウロの言動が聖なるプネウマに満たされていることは驚くべきほどである。パウロもまた、舞台裏からの形なきメッセージを受けとっていることは明らかである。いくつかの例を見てみよう。

パウロにおいては、キリストを信ずることによって、神に対して平和を得ているばかりでなく、さらに進んで神の栄光にあずかる希望を持っているという。しかも、それだけではなく苦難を受けることをも喜んでいる。それはなぜかというと、

「苦難は忍耐を生み、忍耐は錬達を生み、錬達は希望を生むことを知っているからである」[19]

といい、さらに、希望は恥をかかせることはない、といわれる。その理由は、

「われわれに賜わっている聖なるプネウマを通じて、神の愛が、われわれの心のなかにすでに注がれているからである」[20]

と述べている。

パウロは、キリストを信ずることによって、苦難―忍耐―錬達―希望を次々に生み、そしてその希望は、聖なるプネウマを通じて、神の愛がわれわれの心に注がれているからであるという。すなわち神の愛は聖なるプネウマを通じて初めて、われわれの心に注がれていることを説いている。

つぎの一文は、プネウマがパウロにおいて円熟した一つの光景を表わしていると思われる。そこには、完成した人の智慧が語られており、いかなる意味においてもこの世の智慧ではない、神の智慧である。

「われわれは、隠された秘義における神の智慧を語る。それは、世の始まる前にわれわれの栄光のために前もって定められたものである。……

しかし書かれてあるように[21]、

「目が見たこともなく、耳が聞いたこともなく、人の心に浮かんだこともないことを、神は、ご自分を愛するものたちのために備えられた」と。

そして神は、ご自分のプネウマを通じて、それをわれわれに啓示されたのである。なぜならプネウマは、すべてをきわめ、神の深みまでもきわめるからである。いったい誰が、その内にある人間のプネウマなしに人間のことを知り得ようか。同様に、神のことも神のプネウマなしに知るものはない。

ところで、われわれは、この世のプネウマではなく、神からのプネウマを受けたのである。それによって、われわれは、神からわれわれに与えられた恵みを悟るためである[22]」

右の文は、パウロにおける超越的世界への見開きの最高潮に達したものであろう。そのなかの引用は、「イザヤ書」六四・四にかかわっているが、しかし全体の趣旨は、パウロ自身が独自にうなずいているところの神の世界である。ここには、二つの問題が特徴的に述べられている。一つには、神の智慧は何かということであり、二つには、一時の宗教体験に終わるのではなく、持続的に、かつ果てしなく深く、広く、神の世界が開示されていくことである。

まず第一の問題は、秘義における神の智慧は、世界創造より以前にすでに定められているものだということである。それはわれわれにとって、いまだかつて見られたこともなく、聞かれたこともなく、心に浮かんだこともない。それがただ神のプネウマを通じて開示されているのである。まったく見聞覚知を超えた神の智慧が、ただプネウマを通じてのみわれわれに経験されつつある、それこそパウロにおける宗教経験の核心であるということができる。

第二の問題について、プネウマによる神の智慧の開示は、あらゆるものを探り、神の深みをも究めてやまないといわれる。それは、この世のプネウマではなく、神からのプネウマが然らしめるというのである。その趣旨は、われわれに与えられている神のプネウマが、あらゆる真理の開発、および神自身の世界の無限の探求を実践していくことを意味しているであろう。このことは、「ヨハネ福音書」の、「神は限りなくプネウマを賜う」[23]、同じく「真理のプネウマはあなた方をあらゆる真理へ導く」[24]という趣旨につながっていると考えられる。

神は、世界創造以前から、われわれが見たことも聞いたことも、心に思い浮かべたこともないものを、プネウマを通じて、われわれに贈っている。それはあたかも、過去七仏において、ブッダ自身をも含めて、いわば永遠の昔から、

「いまだかつて聞いたこともないダンマにおいて、初めてわたしに眼が生じ、智が生じ、慧が生じ、明が生じ、光が生じた」[25]

ということとまったく同類ではないか。

形なきいのちは永遠である。それが神のいのちであり、プネウマである。それは、かつて見聞したことも想像したこともないわれわれと、まさに背中合わせである。その舞台裏の神のいのち、プネウマが表舞台の現実のわれわれに贈られているのである。

さて、次のパウロの発言は、プネウマがまさに主そのものであり、その働きの強烈さを

表わしている。

「主はプネウマである。そして主のプネウマのあるところには、わたしたちはみな、顔おおいなしに、主の栄光を鏡にうつすように見つつ、栄光から栄光へと、主と同じ姿に変えられていく。これはプネウマなる主の働きによるのである[26]」

主はまさしくプネウマであって、そのプネウマによってわれわれの働きは自由自在である。旧約のおおいがまったく取り除かれ、あたかも鏡に映すように明白に、主と同じ姿となって、栄光から栄光へと渡り歩いていく。このようにほとんど不可能と思われることをなし得るのは、ひとえにプネウマによるからであり、プネウマの力である。それゆえにプネウマは、さまざまな種類の働きをなす。次の一節はそのことを伝えている。

「プネウマの賜物は種々あるが、プネウマそのものは同じである。務(つとめ)は種々あるが、主は同じである。……各自がプネウマの現われを賜わっているのは、全体の益になるためである。すなわち、ある人にはプネウマによって智慧の言葉が与えられ、別の人には同じプネウマによって知識の言葉、また別の人には、同じプネウマによって信仰、また外の人には、プネウマによっていやしの賜物、また外の人には力のあるわざ、また外の人には預言、また外の人にはプネウマを見分ける力、また外の人には種々の異言、また外の人には異言を解く力が与えられている。すべてこれらのものは、一つの同じプネウマの働きであって、プネウマは思いのままに、それらを各自に分け与えられるのである」[27]

ここには、さまざまな働きが挙げられている。すなわち智慧の言葉、知識の言葉、信仰、いやし、力あるわざ、預言、プネウマを見分ける力、種々の異言、異言を解く力、等々である。これらのすべてが、同じ一つのプネウマの働きである。もしかりに、プネウマを一とし、すべての働きを一切とすれば、これは単に華厳でいう一即一切の意味ではない。仏教でいえば、むしろプネウマは如来あるいは仏性であり、こうしたそれぞれは、如来あるいは仏性の働きであるといえよう。その点で両者は類似しているといえるかもしれない。しかしながら次の一節は、これまでの仏教にはあまり見られなかった、キリスト教独自のものであろう。

「一つの体には多くの肢体があるが、それらの肢体がみな同じ働きはしていないように、わたしたちも数は多いが、キリストにあっては一つの体であり、各自は互に肢体である。このように、わたしたちは与えられた恵みによって、それぞれ異なった賜物を持っているので、もしそれが預言であれば、信仰の程度に応じて預言をなし、奉仕であれば奉仕をなし、教えるものであれば教え、勧めをするものであれば勧め、寄付するものは惜しみなく寄付し、指導するものは熱心に指導し、慈善をするものは、快く慈善をすべきである[28]」

ここでは、キリストを一つの体に譬え、頭・首・胴体・手・足などの肢体は、それぞれ共同体を構成する一員と見なされている。先にも「主はプネウマである」といわれたように、ここでいうキリストはプネウマにほかならない。つまり同じ一つのプネウマが共同社会のそれぞれを成り立たしめているといえよう。こうした共同社会は、これまでの仏教にまったくなかったわけではないが、これからはさらに採り入れていくべきであろう。

ともあれ、パウロにおいては、舞台裏からのメッセージとしてプネウマが表舞台に現われ、これまで見てきたように、さまざまな働きをなすのである。そしてついには、自分の体は、プネウマの宿っている宮(みや)とまでいわれるのである。

「あなた方は知らないのか。自分の体は、神から受けて自分の内に宿っている聖なるプネウマの宮(みや)であって、あなた方はもはや自分自身のものではない[29]」

「あなた方は神の宮であって、神のプネウマが自分の内に宿っていることを知らないのか。もし人が神の宮を破壊するなら、神はその人を滅(ほろ)ぼすであろう。なぜなら神の宮は聖なるものであり、そしてあなた方はその宮なのだからである[30]」

聖なるプネウマの宿っている人は、神の宮であり、聖なるプネウマの宮であるといわれる。裏なるプネウマが、表なる現実の人に宿って、その体は神の宮となっているのであり、プネウマと人との表裏一体というべきであろう。

四　ソクラテス

1　ダイモーンの声

ソクラテスは舞台裏から表舞台へのメッセージをどのような形で受けとったのであろうか。かれはしばしば神（ダイモーン）の声を聞いている、といわれる。それは、かれの子供の時から始まったもので、一種の声となって現われてくる。それが現われるときは、いつでもかれが何かをしようとしている時で、その行為をさし止めるのである。つまり、その声は、してはいけないというのであって、いかなる時も、何かをなせということはない、といわれる。[31] つまり、神の声は否定的な形でソクラテスに聞こえてくるのである。しかも、それはかれの全生涯を通じて実に頻繁に現われてきたのであって、どんな些細なことでも、それが不適当であれば反対したという。[32] ダイモーンの声が、ソクラテスにとっては、舞台の裏からのメッセージとしていかに重大な意味を持っているかが知られる。

では、かれは、この神の声によって何をなそうとするのであろうか。一つは教育であり、もう一つは自分自身についてである。第一の教育について、産婆術ということがいわれている。すなわちソクラテスみずからは、産婆の役目を担って、相手の胎内に孕んでいる真理の子を引き出そうというのである。そのときソクラテスは、ダイモーンの声を聞きながら、これをしてはいけない、あれをしてはいけないと、努力奮闘しつつ、次第に真実とは何であるかを相手に気づかせていく。つまり行動実践を通じて、何が真実であるかに目覚めさせていくのである。それが神意である、という[33]。

もう一つの自分自身については、たとえば、ソクラテスがあるとき、川を渡って向こうへ行こうとしたとき、ダイモーンの声を聞いた。それは、神聖なものに対して、何か罪を犯しているから、その罪を浄めるまではそこを立ち去ってはならぬ、とこのように聞こえてきたという。そして、これほどまでに魂は、一種の予感の力を持っている、という[34]。その魂に貯えられている力を引き出すことが、ソクラテスにとって大事な務めとなるのである。

このようにかれは、ただひたすら神を信じ、神意に従っていこうとするのである。かれは死の判決を下される最後の裁判のとき、次のように述べている。

「わたしは神を信じている。アテナイ人諸君、わたしを訴えている人の誰も、比べものにならないほど、信じている。……わたしについて判決することを、諸君に一任するとともに、これまた神に任せている[35]」

これまで論述してきたソクラテスを憶うとき、そして、すべての歴史的背景を拭い去って、ただ一個の人間として人生の只中に立たされるとき、さらにまた、私自身が同じ境位にあるとき、いったいソクラテスとキリスト・パウロとどこが異なるのであろうか。ソクラテスもキリスト・パウロも、人間のまったく同じ信の姿として、私自身に恵まれた大信心のなかに見事に融没していくのを抑えることができない。

2 冥想

さて、ソクラテスには、神意をうかがうのに、もう一つの方法があった。それは、立ったままの冥想である。ブッダの禅定を坐禅とすれば、ソクラテスの冥想は立禅というべきである。かれはしばしばアテナイの町角に佇んで冥想に耽っている。

ある日、ソクラテスはアリストデモスと連れ立ってアガトンの宴席に出かけたが、その途中でソクラテスだけがはぐれて、冥想にふけって佇んでしまった。アリストデモスは、そうしたソクラテスの行為がたびたびあることをほのめかしている。やがてソクラテスは、おくれてアガトンの家に着いたが、かれのからだに智慧（ソフィア）が充足していたことを伝えている[36]。

あるいはまた、出征中のある日、朝早くから冥想にふけって同じ所に立ちつづけていた。夕方になってもなお立っているので、イオニアの兵隊たちが、夕食を済ませて、ちょうど夏ではあったし、藁ぶとんを持ち出して、寝ながら見張っていた。やがて明け方となり、太陽が上ると、かれは太陽に向かって祈りをささげて立ち去ったという。(37)

この冥想は、ソクラテスの哲学にとってきわめて重要である。神意をうかがうのに、ダイモーンの声を聞くとか、神託を受けるとかいうほかに、冥想に依るということは、かれの実践哲学、行動の哲学の中枢である。冥想は、全人格体を集中統一していく方法であり、そこに開かれてくる智慧は、言葉や知識を超えて、それらを裏づけていく根拠である。そこでは言葉や知識は消滅して、全人格体をもって受けとっていくからこそ、おのずから実践的となり、行動を律する基準が得られてくる。おそらくソクラテスにとっては、ダイモーンの声も、神託も、そして冥想も、別々のものではなく、自然に一つにつながり合っていたものと思われる。

3 智慧

かくして得られてくる智慧とは、いったいどのようなものであろうか。かれは『弁明』のなかで、デルポイの神から、自分には智慧があるという神託を受けているという。(38)その智慧とはどういうものか。たとえば、世間では智慧があると思われ、自分でもそう思いこんでいる人物と、ソクラテス自身とを比べて、次のように発言している。

「わたしは自分ひとりになったとき、こう考えた。この人物よりわたしは智慧がある。なぜならこの人もわたしも、おそらく善とは何か、美とは何か、については何も知らない。しかしこの人は、何も知らないのに、何か知っているように思っているが、わたしは知らないから、そのとおりに知らないと思っている。つまり、この些細なことで、わたしの方が智慧のあることになるらしい。わたしは、知らないことは知らないと思う、ただそれだけのことでまさっているらしい[39]」

ソクラテスは、デルポイの神から智慧があるという神託を受けた。そこでかれは、その智慧とは何か、ということに心をくだいて、ついに思い至ったことは、次の点である。すなわち、善とか美とか究極のことについては何も知らないから、そのとおりに知らないと気づくことであるという。

そこで、智慧がどうしてこうなるかを、冥想とダイモーンの声から推考してみよう。まず冥想である。冥想は全人格的思惟である。全人格体を総括統一していくうちに、これまで学んできた知識はすべて用に立たなくなり、全人格的思惟から消えてしまう。その点をかれは、本当のことは何も知らないと気づいていることになろう。そしてさらに、その知識の消滅してしまった人格体を統一していくと、全人格体はついには一つの核になる。その核をかれは魂と呼んでいる。その魂をさらに訓練していくと、どうなるかということが後に問われなくてはならない。

次はダイモーンの声である。これは、かれが何か行動をおこそうとするときに、否定的な形で聞こえてくる、という。この行動の拒否が重なっていくうちに、先に触れたように、ついには魂の浄めがおこってくる。

このように冥想とダイモーンの声から魂そのものが問題となってくるのである。かれは魂について問答しているが、それを整理して一つの見解に直すと、次のようになる。

「魂は、自分が占有するものが何であっても、つねにそれに生をもたらす。その生に反対するものは死であるが、魂はけっしてそれを受けいれない。死を受けいれない魂は不死である。たとい死が魂に迫ってきても、魂は滅びるということがない。すなわち不滅である。不滅なるものは永遠である。だから魂はハデス（神の国）に存在しつづけることになる。

このように魂が不死であり、永遠であるということが明らかになったからには、現在の魂を救う道は、できるだけ諸悪から免れ、できるだけ最善のものとなり、できるだけ思慮にすぐれたものとなることである。ところで伝承によると、神（ダイモーン）は、すべての人を守護しており、そのひとりひとりを或る場所（神の国）へ導いていこうとしている、という」[40]

以上は、長い問答を字義に沿って圧縮し、一つの見解としたものである。ただハデスも「或る場所」も神の国としか考えようがないので、そう解しただけである。

ところで、この一節にはソクラテスの究極の境地が現われていると思う。これまで述べてきたように、かれはひたすら神（ダイモーン）を信じ、神に打ち任せ、そのダイモーンの声によってすべての行動を律してきた。その結果、真実なるものについてはまったく無智であることに気づいた。同時に冥想によって、すべての形あるものを超えて、内の内なる本質、すなわち魂そのものに達したとき、そこに神意の実現していることを覚ることができた。すなわち魂は、どこまでも生きとおすということ、いいかえれば不死であり、不滅であり、永遠であり、そしてつねに神の国に存在しつづけていることである。そしてそれは、ひとえに神の導きによってそうなったというのである。

ここにおいてもまた、私は、ブッダより伝えられてきた私自身の禅定にもとづいて、ソクラテスと親鸞の二人を見ようとするのである。すなわち、ソクラテスの文化的背景を骨抜きにして、ただその信心の本質を見るとき、かれは、ただ神を信じ、神に打ち任せて己を律し、ついに魂は不滅にして永遠なるものとなり、その魂はつねに神の国に居つづけているという。しかもそれはすべて神の導きによるというのである。親鸞もまた、その歴史的背景を払い去って、信心の本質に帰するとき、「信心のひとは、その心すでにつねに浄土に居す」といい、また「大信心は仏性なり、仏性すなはち如来なり」といっている。つまり大信心は不滅であり、永遠である。その大信心はただひとえに如来の大願業力によって成就するのである。いったいソクラテスと親鸞と、その本質において異なる所があるであろうか。

ともあれ、ソクラテスにおいて、舞台裏から表舞台へのメッセージは、神（ダイモーン）の声である。その声に聞きほれて魂を浄めていくうちに、ついに表裏一体になったということができる。

五　孔子

1　問題

孔子は周知のように、実践道徳の教育、その実現に生涯を尽くしている。かれは仁義礼智信などの教育、ならびにそれにもとづく現実の人間関係に眼を向け、政治まで手がけようとしたのである。

では、孔子は舞台裏の世界には関心をもたなかったのであろうか。子路の問いに対して、

「未だ人に事（つか）うる能わず、いずくんぞ鬼に事えん。未だ生を知らず、いずくんぞ死を知らん」

と答えているように、孔子は、現実の人間関係や現実の人生に徹しようとしている。そして今日の研究者も、孔子が舞台裏の形なきいのちに関心を持っていたとは思っていない。

しかしながら、事実はけっしてそうではないのである。たとえば、

「五十にして天命を知り、六十にして耳順（したが）う」

というが、天命とはどういう意味であろうか。また、耳順うとはいかに解すべきであろうか。天命とは、分かりにくい語であるといわれており、今日の学者は、「天から与えられた使命、あるいは運命」と解しているようである。しかし、突如五十になって天からの使命を知るとは、いったいどういうことか理解に苦しむ。歴史的な注釈書もいろいろな解釈をしており、さらにさかのぼって、孔子の直接の弟子たちにさえもなかなか理解困難な語であった。しかしながら、ブッダの学の基本である全人格的思惟を学んでいるうちに、ブッダの裏打ちだけではなく、ブッダの圏外の、孔子の教えの背景までもおのずから通ずるようになってきたのである。

2　天命

では、天命とはどういうことであろうか。儒学四書の一つである『中庸』の開巻第一に、

「天命、これを性といい、性に率う、これを道といい、道を修むる、これを教という。道なるものは、須臾も離るべからざるなり。離るべきは道に非ざるなり。故に君子は、その睹ざる所に戒慎し、その聞かざる所に恐懼す」

という。

「天命を性」という。性とは、朱子の注によれば、木火土金水の五行によって万物を生み出すもの、また人にあっては、仁義礼智信の五常の徳に順うものをいう。そのような天地自然の性に率うことが道であり、さらに道を修めることが教である、という。教になって初めて、仁義礼智信などの具体的な形となり、したがってその背景にあるところの、天命→性→道までは、見聞に触れない形なきものであるということができよう。そして次の一句がきわめて重要である。

「道なるものは、須臾も離るべからざるなり。離るべきは道に非ざるなり」

形のない見聞を超えた道は、一刹那も人格体から離るべきものではない、もし離れているとすればそれは道ではない、というのである。「道は人格体から離れている」と見てい

るのは、対象的思惟の立場から距離間をおいて客観的に見ているにすぎない。全人格的思惟の主体的視点に立って、「道は一刹那も離るべきではない」といい切っているところの、この『中庸』の発言者は、明らかに道の体得者であることがうなずかれるであろう。形ないいのちを明瞭に体感している人である。

それなればこそ、次の一句が生きてくる。

「故に君子は、その睹ざる所に戒慎し、その聞かざる所に恐懼す」

何も見えない所でこそわが身を戒め、何も聞こえない所でこそおそれつつしむ、というのである。

この視点から孔子の次の発言を見ると、その意味がよく分かってくる。

「いやしくも仁に志さば、悪しきことなし。富と貴とは、これ人の欲する所なり。その道を以てこれを得ざれば処らざるなり。貧と賤とは、これ人の悪む所なり。その道を以てこれを得れば去らざるなり。君子は仁を去っていずくにか名をなさん。君子は、食を終うる間も仁に違うことなし。造次も必ずここに於てし、顚沛も必ずここに於てす」

仁は孔子の中心的な教えである。仁とは人間に対する愛情である。その仁を心掛けるならば、悪いことは何もない、という。また、富貴は人の願うところである。道を踏んでいるのに、これを得なければ、もとより富貴には居ない。さらに、貧と賤とは人の退けるところである。道に違っていないのに貧賤になれば、甘んじてこれを受ける。君子は仁をさし措いて、どうして君子たるの道を保持することができようか。君子は食事を終える間も仁に違うことはないし、とっさの場合も緊急の場合も、二六時中、仁のなかにいる、というのである。

これは興味深い孔子の発言である。仁という具体的な形で、富貴・貧賤の処し方を教えている。この点に現実性に徹していく孔子の特徴が指摘される。しかしけっしてそれだけに終わっているのでないことが明らかである。それは形なきいのちによる裏打ちである。すなわち食事をとる間も、また、造次顛沛、いいかえれば、二六時中、仁に居る、という。もし仁がただ愛情だけのものであれば、この発言はまことに奇妙である。人間に対する愛情を二六時中持ち続けていくということは、事実上不可能だからである。そうではなく、仁をして仁たらしめるもの、いいかえれば、形なきいのちに目覚めておればこそ、初めて食事をとる間も、造次顛沛も仁に居ることが可能となるであろう。それがすなわち君子たるの道にほかならない。いいかえれば君子は、超感覚的な形なき道に、意識・無意識を超えて満ち足りているといえよう。

このように見てくると、孔子はもうこの時点で、かれの人格体がつねに道に充足されていたことが知られる。そして初めに挙げた「五十にして天命を知り、六十にして耳順う」

という意味が明瞭になってくるのである。五十になって突然天命を知ったのではない。それまでの長い間の準備期間があった。それがついに熟して、五十になって初めて天命が顕わになったのであり、形なきいのちに満足したのである。そしていのちに培われて時を経るうちに、二六時中、そのいのちにつき従われるまでに熟していったのである。それがすなわち「耳順う」である。耳に天命が聞こえるままに体がおのずから従っているのである。

3　一以て之を貫く

以上のように天命を解してくると、『論語』の片言隻句が活き活きとよみがえってくる。次の句を見てみよう。

「子曰く、参（しん）や、吾が道は一以て之を貫く。曾子曰く、唯。子出づ。門人問うて曰く、何の謂ぞや。曾子曰く、夫子（ふうし）の道は忠恕のみ」

孔子がいった。曾参よ、吾が道は一貫している。曾子は、ただ「はい」とだけいった。孔子は家を出ていった。他の門人が、いったいどういう訳ですか、と尋ねた。曾子は、先生の道は、忠（良心に対する忠実）と恕（他人への思いやり）だけである、と答えた。

言葉の意味はこれだけである。そして今日の学界はただそのとおりに肯定している。しかし、「吾が道は一以て之を貫く」という語の意味は非常に重い。古来これにはいろいろな解釈がつきまとっている。安井息軒は、「一以て貫く」といっているのに、忠と恕の二つに分けるのはおかしいし、かつ曾子の解釈は浅い、おそらく孔子のいう一には深い意味があろう、という。朱晦庵（朱子）は、その一を理となし、伊藤仁斎は誠といい、荻生徂徠は仁という。息軒によれば、曾子はおそらく表わしにくかったので、一を実践する方法として忠恕を挙げたのであろう、という。朱子の説では、聖人の心は渾然たる一理であり、曾子はそれを十分に理解できなかった、という。たとえば、「天地の至誠は息むことなくして、万物各その所を得」とあるように、一とは天地の至誠であり、それゆえに「一以て之を貫く、これ実に見るべし」といっている。

それぞれの解釈は、それぞれの立場からのものであり、それだけにこの問題が重視されてきたことが知られる。ただそれらの解釈は、主として対象的思惟の立場から詮索を進めてきたものにほかならない。これに対して、これまで論じてきた全人格的思惟の視点から見ると、「吾が道は一以て之を貫く」の道は、感覚を超えた形なきいのちである。形なきいのちが、全人格体を集中統一すればするほど、全人格体を通徹しているいのちを明瞭に意識することができる。そのいのちは、いついかなる時に意識しても、まったく不変の同一なるものである。それなればこそ、「吾が道は一以て之を貫く」という語がおのずから頷かれてくるであろう。

もう一つの例を挙げてみよう。これはきわめて分かりやすい。

「子曰わく、賜や、女は予れを以て多く学びてこれを識る者と為すか。対えて曰わく、然り、非なるか。曰わく、非なり。予れは一以てこれを貫く」[41]

孔子がいった。賜(子貢)よ、お前はわたしを沢山学んでよく物を識っている者と思うか。子貢は答えた。そう思います。いけませんか。孔子がいった。それはいけない。わたしはただ一つで貫いているのだ。

孔子は、弟子たちや、その他の人に対して、それぞれに応じて道を説いている。その説く所は多岐にわたり、いかにも知識が豊富である。子貢は先生をそう考えた。孔子は直ちにそれを否定している。自分はそうではない。そうした知識を超えた形なきいのちそのものから、それぞれの行き方、行動の仕方を生みだしているのだ。いのちそのものは、不変の同一なるものとして、わたしの全生活を貫いているのだ。ここでいう孔子の「一以てこれを貫く」は、そういう意味になることは明らかであろう。

4　分かりにくさ

孔子の説き示す具体的な教えは、弟子たちもそれぞれの身につまされて会得することができる。しかしその教えの背景にある裏づけになってくると、納得することは至難の業であった。

「子貢曰く、夫子の文章は得て聞くべきなり。夫子の性と天道とを言うは、得て聞くべからざるのみ」

文章というのは、皇侃によれば、六籍、すなわち詩・書・礼・楽・易・春秋をさしているといい、朱子では、徳が外に現われたもので、威儀・文辞みなそうである、という。また、天道とは、皇侃の説では、天の徳であり、天が道となったもので、活々と相続し、つねに新たになってとどまらないものをいう。朱子では、天道とは天理自然の本体で一理であり、性とは、その天理から人間が受けたものであるという。なお朱子によれば、文章は外に現われるから、弟子たちは共に聞くことができるが、性と天道については、孔子はごく稀にしか説かない。たまたま子貢は聞くことができて嘆美している、という。

ここにもいろいろな説があって、実際のことはよく分からない。しかし、性と天道とは奥の深い、弟子たちには理解しがたいものであったことは確かである。

ともあれ、これまでの視点からいえば、天命↓性↓道は、孔子の全人格的な主体者の立場において、形なきいのちの展開であり、超感覚的なものである。これに対して対象的思惟の視点に立てば、その文化的な背景から、人間の本性は天地自然の天命から受けたものであり、その本性に従うことが道となるということができよう。いずれにしても、孔子が長い間の修道と人生経験によって、その人格体に熟してきた天道と性とは、弟子たちには容易に聞こえてくるものではなかったといえよう。

そこで有名な一句、

「朝に道を聞けば夕に死すとも可なり」

の意味が判然としてくるであろう。この句にも諸説があるが、それは省略しよう。孔子でさえも、五十になって初めて天命が顕わになってきたのである。天命→性→道の形なきいのちが人格体に聞こえてくるというのは容易なことではない。もし聞こえてきたならば、全人格体は永遠不変の果てしなきいのちに包徹される。それは生も死も超える天地の生命と一体になることである。それゆえに、朝にその道を聞くことができたならば、半日ほどじっくり味わい尽くして夕に命終わっても、悔いることはない、満足である、ということになるであろう。

5　孔子と顔回

礼にかえる

孔子の舞台裏の世界は、なかなか弟子たちの理解し得る所ではなかったが、ただ孔子よりは三十歳も若い顔回だけは、その舞台裏に通ずる所があったように思われる。孔子のもっとも信頼した最愛の弟子である。次の一節を見てみよう。

「顔淵仁を問う。子曰わく、己に克ちて礼に復るを仁と為す。一日己に克ちて礼に復れば、天下仁に帰す。仁を為すは己に由る。而して人に由らんや。顔淵曰わく、請う其の目を問う。子曰わく、礼に非ざれば視ること勿かれ。礼に非ざれば聴くこと勿かれ。礼に非ざれば言うこと勿かれ。顔淵曰わく、回、不敏なりと雖も、請う斯の語を事とせん[42]」

顔回（字は子淵）が仁についてたずねた。孔子がいった。己を克服して礼に立ち戻ることが仁である。もし一日でも己を克服して礼に立ち戻ることができれば、天下のものすべて仁に帰着する。仁をなすのは自分に依るのであって、どうして他人に依ることがあろうか。顔回がいった。どうぞその要所をお教えください。孔子がいった。礼に適わなければ視てはならぬ。礼に適わなければ聴いてはならぬ。礼に適わなければ言ってはならぬ。顔回がいった。わたしは至らぬものではありますが、そのお言葉に専心していきましょう、と。

仁は、孔子の教えの要である。いつくしみ、おもいやり、である。そのためには、己を克服して礼にかえることである、と孔子はいう。そして次に孔子は驚くべき、かつほとんど不可解なことを口にしている。もし一日でも己を克服して礼にかえれば、天下のものはすべて仁に帰着する、というのである。いったいこれはどういうことであろうか。

そもそも礼とはどういうことか。普通には「履み行のうべきのり」であり、「社会秩序を保つための生活の規範」といわれる。さらに踏みこんで朱子の注によると、

「仁とは本心の全徳なり。……礼とは天理の節文なり。仁たる者は以て其の心の徳を全うする所以なり。蓋し心の全徳は天理に非ざることなければなり」(43)

とある。天理は言葉を超えているから、それを限定して言葉となったものが礼である。その礼にかえれば、心の徳を全うして仁を実現することができる。

この朱子の見解をさらに孔子自身に戻してみると、礼にかえるとは、この身に天命が聞こえ、滲透し、己は克服されてついに通徹することである。そこで初めて仁が実現する。そしてひとたび礼にかえれば、天下のものことごとく仁に帰着する、と孔子はいうのである。

孔子のこの礼について、中国の仏教者が礼拝という語を用いていることを、私は連想しないわけにはいかない。礼拝は、仏道の極まる所の一つを指している。たとえば禅宗の開祖、達磨の伝法について、次のような記事が伝えられている。達磨は、四人の門人、道副、尼總持、道育、慧可に、それぞれ見解を述べさせた。道副の見解には「皮を得た」といい、尼總持には「肉を得た」といい、道育には「骨を得た」といった。最後に慧可は、ただ黙

して礼拝し、自分の席に戻って立った。達磨は、「お前こそ髄を得た」といって慧可に法を伝えた、という。[44] 礼拝が仏道の極みを表わしているといえよう。あるいはまた、達磨自身、最晩年には、「口に南無と唱え、合掌すること連日」といわれ、毎日、合掌礼拝していたことが伝えられている。[45] 孔子の礼を思うにつけ、同じく中国人がサンスクリット語のvandana（ヴァンダナ）あるいはnamaskāra（ナマスカーラ）を礼拝と訳したことと、深い関連があることを思わないわけにはいかない。

それにしても、「一日己に克ちて礼に復れば、天下仁に帰す」という発言は、いかにも意表外である。私はここでも、『大般若経』の次のような一節を思い浮かべる。すなわち、般若波羅蜜（はんにゃはらみつ）（ブッダのダンマに当たる）を学べば、出家のその日に、究極の悟りを完成し、無数の衆生に説法して、永久に煩悩を断ち、解脱を成就して、究極の悟りから不退転ならしめる、というのである。[46] つまり、般若波羅蜜を学べば、自分の悟りだけではなく、全世界の衆生が直ちに悟りを成就する、ということになる。もとより孔子と『大般若経』とでは、その教えの形態はまったく異なるが、ここに表示しようとしている本質は同類であるということができる。

私は、ブッダに学ぶ私自身の禅定において、全人格体がダンマ・如来に通徹されるとき、我的なるものはことごとく消滅して、全宇宙はただひとえにいのちそのものに包徹されることを、明瞭に認知することができる。このことを憶えば、孔子の礼も、ブッダのダンマ・如来も、『大般若経』の般若波羅蜜も、こうした果てしなき力を発現していることが知られる。まさしく舞台裏からの広大無辺のメッセージということができよう。

　そしてここで注目すべきことは、孔子が、このような秘中の秘なる教えを、若き門人顔回に向かって発言していることである。他の弟子たちに対して、孔子がこのような対応をしていることはない。孔子が、すでに顔回が舞台裏からの形なきいのちに通じていることを明察している証拠であろう。そして顔回もまた、そのいのちを受けとめて、不敏の身ではあるが、礼にかえることに専念しようと、決意のほどを示している。

　顔回が亡くなったあと、孔子はその弟子を偲んで次のように述べている。

「子、顔淵を謂いて曰わく、惜しいかな。吾れ其の進むを見るなり。未だ其の止まるを見ざるなり」[47]

　若くして亡くなって惜しいことをしたものだ。かれはただひたすら進むだけで、止まることを見たことがない、という。顔回は、形なきいのちに裏打ちされていたからこそ、どこまでも進んで止まることがなかったのである。いのちに動かされ、催されていく限りなき前進である。

相互の感懐

さて、孔子は顔回の人物についていろいろ感想を述べている。先に示したのも、その一つであるが、ここに際立った例を挙げてみよう。よく知られた一節である。

「子曰わく、賢なるかな回や。一簞の食、一瓢の飲、陋巷に在り。人は其の憂いに堪えず。回や其の楽しみを改めず。賢なる回や」(48)

孔子がいった。えらいものだ、顔回は。竹のわりご一杯のめし、それとひさごの椀一杯の飲みもの、それだけでせまい露地暮らし。普通の人なら、とてもそのつらさに堪えられないだろうが、顔回は、こうした貧しさのなかでも其の楽しみを改めようとはしない。えらいものだ、顔回は、と。

孔子は顔回の生きぶりを見て感嘆している。とても人には堪えられそうもない、この貧しさのなかでも、其の楽しみを改めようとはしない、というのである。いったい、「其の楽しみ」とは何を指しているのであろうか。孔安国（漢代）は「道を楽しむ」といい、朱子の注には程子を引いて、もとより貧しさを楽しむのではなく、「蓋し自ら其の楽あるのみ。其の字当に玩味すべし。自ら深意あらん」といっている。(49)程子は、「其」の字をよく味わってみよ、そこにおのずから深い意味があろう、という。かれはなぜはっきりいわないのであろうか。これまでの論述からみても、顔回が貧しさのなかで何を楽しんでいるかは明瞭である。天命↓性↓道の形なきいのちであることはいうまでもない。

では、逆に顔回は孔子をどのように観察していたであろうか。ここにもよく知られた一例を挙げてみよう。

「顔淵、喟然として歎じて曰わく、これを仰げば弥よ高く、これを鑽れば弥よ堅し。これを瞻るに前に在り、忽焉として後に在り。夫子、循々然として善く人を誘う。我れを博むるに文を以てし、我れを約するに礼を以てす。罷まんと欲すれども能わず。既に吾が才を竭くすに、立つ所ありて卓爾たるが如し。これに従わんと欲すと雖も、由る末きのみ[50]」

顔回が、ああ、と感嘆していった。先生の人格は、仰げば仰ぐほど高く、きりこめばきりこむほど堅い。ふと前におられたかと思えば、たちまち後におられる。まさしく変幻自在である。先生は順序立てて、たくみに人を導かれる。わたしには、学問で視野をひろめて下さり、礼によって集約して下さる。だからやめようと思っても、やめることができない。わたしはもう、自分の能力を出し尽くしてしまったのに、先生は、しっかりと足を踏まえて、あたかもたかだかと聳え立っておられるようである。ついて行こうと思っても、どうにも手だてがない、と。

顔回の眼には、孔子がいかに高く、いかに深く映っていたことであろうか。前に在るかと思えば後に在るとは、もとより身体の行動ではなく、人柄の振舞いである。いかにも自在無碍であることが知られる。その教育は、それぞれに応じて適切であるが、顔回に対しては、学問をひろげ、礼によって引きしめる。礼は前に述べた如く、仁の根本である。だからどうしてもついていくようになる。しかし孔子は、まるで天に向かって聳え立っているようで、手も足も出ない、という。三十歳も若い顔回が、いかに天命に感動していたとしても、孔子に対して手の出しようがないと感じたことは当然であろう。しかし孔子を見るに、「仰げば弥よ高く、これを鑽れば弥よ堅し」、「瞻るに前に在り、忽焉として後に在り」と観察し得たことはさすがであるといわねばならぬ。形なきいのちに通ずるのでなければ、こうした孔子の、奥の深い、自在な姿を見透かすことは不可能であろう。孔子もまた、それを諒解していたのであり、顔回を導くのに、「博むるに文を以てし、約するに礼を以て」している。蓋しこれは君子の境地である。[51]

かくして以上のように、孔子と顔回とが互いに相手を観察し得たことは、両者が形なき道を楽しむことによって通じ合っていることの現われであるということができよう。その顔回が若くして亡くなったのである。孔子の悲痛はいかばかりであったろうか。

天われをほろぼせり

顔回は四十一歳でこの世を去った。そのとき孔子は七十一歳[52]、ようやくその人格は天意に熟し切っていたにちがいない。最愛の弟子を若くして失った老孔子の悲嘆は想像に余りある。それは意表外の言葉となって表われている。

「顔淵死す。子曰わく、噫(ああ)、天、予(わ)れを喪(ほろ)ぼせり、天、予れを喪ぼせり[53]」

これほど悲痛な言葉があるであろうか。天意は自分を見捨てていると、発言しているのである。このことを思うとき、私はキリストの最期の歎きを連想せずにはおられない。キリストがゴルゴタの丘で十字架につけられ、昼の十二時ごろ地上が暗くなり、そして三時になったとき、かれは大声で叫んだ。

「エリ、エリ、レマ、サバクタニ(わが神、わが神、なんぞわれを見捨てたまいし)[54]」

神の子として地上に降りてきたキリストは、神意を受けて多くの人々を救いながら、最期になって、全身全霊で神に反抗したのである。

このように、顔回を失った孔子、また十字架につけられたキリストが、それぞれまったく同じ意味の歎きを発している。しかもそれは咄嗟(とっさ)に出たにちがいない。孔子もキリストも、天命に熟し、神意に貫かれていたからこそ、このようなむき出しの痛烈な歎声が出たことは間違いない。同時にまた、孔子もキリストも、徹底して天意に反抗し、真向(まっこう)から神意に逆らっているのである。ここに、聖者、孔子、キリストでさえも、どうにもならぬ人間の性、業が現われていることもまた明らかであろう。

さて、孔子は、顔回が亡くなって、おそらくその家に行ったのであろうか(55)、その変わり果てた姿を見て思わず慟哭した。

「顔淵死す。子、これを哭して慟す。従う者曰わく、子慟す。曰わく、慟することあるか。夫の人の為に慟するに非ずして、誰が為にせん(56)」

顔回が亡くなった。孔子はあたりはばかることなく号泣した。孔子についてきた弟子がいった。先生が号泣された。孔子がいった。わたしは号泣したのか。顔回のために号泣しないで、他の誰のためにすることがあろうか、と。

孔子は思わず、身もだえして泣き叫んだ。そばにいた弟子は仰天した。よほど珍しい光景だったのだろう、先生が号泣された、と。ふとわれにかえった孔子は、わたしは号泣していたのか、と。これはまた何と無邪気な振舞いであろうか。かれはわれを忘れて泣いていたのである。そしてほかの弟子に対して、遠慮もつつしみもない言葉をいい放つ。いったい他のどの弟子に対して号泣することがあるのか、と。この簡潔な一節のなかに、孔子の人格の熟した面と、矩を踏みはずした面とが同時に現われている。しかしながら、これほどまでに孔子と顔回とは通じ合っていたことが思い知らされるであろう。両者を超えるものが、それぞれに顕わになっていなければあり得ないことである。

さらに、もう一つの例に移ってみよう。

「顔淵死す。門人厚くこれを葬らんと欲す。子曰わく、不可なり。門人厚くこれを葬る。子曰わく、回や予れを視ること、猶お父のごとし。予れは視ること猶お子のごとくなるかを得ず。我れに非ざるなり。夫の二三子なり[57]」

顔回がなくなった。門人（おそらく顔回の門人であろう）[58]たちは、丁重に葬ろうとした。孔子がいった。それはいけない。しかし門人たちは丁重に葬った。孔子がいった。顔回はわたしをまるで父のように慕っていた。わたしもかれを子のように、質素に、しんみりと葬りたかったが、できなかった。それはわたしのせいではない。かれらの責任である。

ここには、孔子と顔回はあたかも父と子のように睦み合っていたことが語られている。そしてその情愛のこまやかさの奥には、互いに形なき道を頷き合っている面影が見えてくる。しかし、顔回をわが子のように思うあまり、望みどおりに葬り得なかった鬱憤を、自分のせいではない、かれらの責任だと、まるで吐き捨てるようにいい放っている。われわれ凡人の言動と変わることがない。「七十にして心の欲する所に従って矩を踰えず」と、真にみずからそう思っているのであろうか。私には、人間に深く根づいている業の現われとしかいいようがない。

六　まとめ

以上、世界の四聖といわれるブッダ、キリスト、ソクラテス、孔子について論じたのである。パウロを取り上げたのは、かれは聖なるプネウマをみずから受けて各所で説いており、それによって逆にキリストのプネウマがよく反照されるので、とくにここに付したのである。

ところで、「宗教を超える真理」という語には、二つの意味が重なっている。一つは、四聖のうち、宗教と見られているのはブッダとキリストであり、ソクラテスは西洋哲学、孔子は儒教、それぞれの祖であって、一般には宗教とはいわれない。しかも四聖に共通の真理が指摘される意味でそういわれる。もう一つは、ブッダの真理は仏教の枠組みを超え、キリストの真理はキリストの枠組みを超え、ソクラテス、孔子についてもまた同様であるという点で、そう名づけられる。ただ哲学的真理よりは宗教的真理がいっそう体得的と考えられているから、「哲学を超える」よりも「宗教を超える」という語を用いたにすぎない。実際は一切の枠組みを超えるというのが真意である。

かくして、仏教、キリスト教、西洋哲学、儒教は、互いにまったく異質的な思想系統でありながら、四聖にまで遡ってみると、同質の真理であることが頷かれてくる。しかしそれは、けっして客観的に論証され得ることではない。「序章」に記したように、私自身、ブッダの禅定を習い、歳月を経て、ようやくその解脱の原点を領証し得た所から、キリスト、ソクラテス、孔子、それぞれの原態の、まったく同質なることが、おのずから通じてきたのである。

ブッダの解脱の原点である「ダンマ・如来が自己自身に顕わになる」ということを、ブッダの教えのとおりに、私自身の禅定において頷いてみると、ダンマ・如来とは、まったく形なきいのちというほかはない。そのいのちは、私の全人格体に活き活きと働いたり、あるいは怒濤のごとく充溢したり、時には清澄な湖面のように、寂まったり、また浄まったり、このようにさまざまな作用をするが、いずれの場合も、形なきいのちという表現が最適である。しかも、全人格的感覚において形がないから、「形なきいのち」という語は、表示の極まりであるということができる。

キリスト、パウロにおいては、ブッダのダンマ・如来に対応するのは、聖なるプネウマ、あるいは神である。聖なるプネウマは、神の息吹き、神のいのちであり、神そのものである。しかも、プネウマによって語られるキリスト、パウロの言葉は、私自身の形なきいのちの受領において頷かれる。かつブッダとキリストにおいては、如来の子、ダンマの相続者、および神の子、神の相続者というように、その表現まで類似していることは驚くべきことである。

ソクラテスは、子供の時から、生涯、きわめて頻繁にダイモーン（神）の声を聞いていたといわれる。しかもかれは、神を信じ、神に任せていることは誰にも劣らぬことを、みずから告白している。そのダイモーンの声は、かれの行動の不適切なるときに、拒否の形で聞こえてくるという。かくしてダイモーンの声によって行動が律せられながら、神のいのちが次第にかれの人格体に熟していったことが知られる。そしてついに、最後の法廷で死刑を宣せられ、かれは喜んで神の国への旅についたのである。

孔子は、「五十にして天命を知」るといった。その天命とは、『中庸』によれば、性であり、性に率（したが）うのが道であり、道は須臾（しゆゆ）も離るべからざるもの、といわれた。すなわち道は形なきものであり、したがって天命は、形なきいのちであることが知られる。そのいのちが孔子の人格体に滲透し、六十にして耳順い、七十にして矩（のり）を踰（こ）えずというように、次第に熟していったさまがうかがわれる。

このように四聖はいずれも、表舞台のこの現実の世に、形なきいのちを言動によって実現していたのであり、それはまさしく舞台裏からのメッセージであるということができる。このメッセージを私自身の全人格的営みにおいて受けとるとき、ついには表も裏もない表裏一体の、果てしなきいのちそのものとなる。それはもはや単なる宗教体験という如き、一時的、霊感的というようなものではない。人間がもともと開示さるべき、人間の本来的な原態であるといわねばならない。そのことがまさしく四聖のそれぞれにおいて証（あかし）されているのである。

註

（1）「マタイ」一四・二三、「マルコ」六・四六、「マルコ」一・三五、「ルカ」五・一六、六・一二、九・一八、一一・一など。
（2）『論語』「述而」第七。
（3）「マタイ」三・一六—一七、「マルコ」一・九—一一、「ルカ」三・二一—二二、「ヨハネ」一・三二、および「詩篇」二・七、「イザヤ」四二・一など。
（4）Mahāvagga, Vinaya, vol. I, pp. 2-3,『律蔵』「大品」、南伝大蔵経、巻三、四—六頁。
（5）「ルカ」四・一—一二、「マタイ」四・四、七、一〇、「ルカ」四・四、八、一二。
（6）Vinaya, vol. I, p. 4, 南伝大蔵経、巻三、『律蔵』八頁、SN., vol. I, p. 136, 南伝大蔵経、巻十二、相応部経典一・二三四頁。
（7）「ヨハネ」一四・一六—一七。
（8）「コリント」Ⅱ、四・一八。

(9) Saṅgīti-suttanta, DN., vol. III, p. 227,『等誦経』南伝大蔵経、巻八、長部経典三・三〇六頁、Vatthūpama-sutta, MN., vol. I, p. 37,『布喩経』同、巻九、中部経典一・五六―五七頁。
(10)「ルカ」四・一―二、同・一四。
(11)「ルカ」一〇・二一。
(12) Aggañña-suttanta, DN., vol. III, p. 83,『起世因本経』南伝大蔵経、巻八、長部経典三・一〇三頁。
(13)「ローマ」八・九―一七。
(14)「ヨハネ」四・一四。
(15)『新約聖書略解』二八四頁下。(一九五五年、日本基督教団出版局)によれば、聖書(不明といわれる)の引用句であるから、その腹というのは、イエス自身の腹と解しているが、そうではあるまい。前の引用からみても、信ずるものの腹であることは間違いない。また、次の引用によっても、プネウマは生かす力を持っている。
(16)「ヨハネ」七・三七―三九。
(17)「ヨハネ」六・六三。
(18) 本書三一頁参照。
(19)「ローマ」五・三―四。
(20) 同、五・五。

(21)「イザヤ」六四・四参照。
(22)「コリント」I、二・七—一二。
(23)「ヨハネ」三・三四。
(24)同、一六・一三。
(25)SN., vol. II, p. 7, 9, 10, 105, 南伝大蔵経、巻十三、相応部経典二・九、一二、一四、一五二、五四頁。
(26)「コリント」II、三・一七—一八。
(27)「コリント」I、一二・四—一一。
(28)「ローマ」一二・四—八。
(29)「コリント」I、六・一九。
(30)同、三・一六—一七。
(31)『ソクラテスの弁明』プラトン全集(以下全集と略す)1・八八頁、一九七五年、岩波書店、『テアゲス』全集7・二六頁。
(32)前掲書『ソクラテスの弁明』一〇九頁。
(33)『テアイテトス』全集2・二〇二頁。
(34)『パイドロス』全集5・一六八頁。
(35)前掲書『ソクラテスの弁明』九九頁。
(36)『饗宴』全集5・八—一四頁。

(37) 同・一一八頁。
(38) 前掲書『ソクラテスの弁明』六〇頁。
(39) 同・六二頁。
(40) 『パイドン』全集1・三一三―三二一頁。
(41) 『論語』「衛霊公」第十五。
(42) 同・「顔淵」第十二。
(43) 同右。
(44) 『景徳伝灯録』巻三、大正五一・二一九中―下。
(45) 『洛陽伽藍記』大正五一・一〇〇〇中。
(46) 『大般若経』巻三、「初分学勧品」大正五一・一六中。
(47) 『論語』「子罕」第九。
(48) 同・「雍也」第六。
(49) 同右。
(50) 同・「子罕」第九。
(51) 同・「雍也」第六に「君子は博く文を学び、これを約するに礼を以てす。亦以て畔(そむ)かざるべし」。
(52) 金谷治訳注『論語』三二一頁(一九六三年、岩波文庫)。
(53) 『論語』「先進」第十一。

(54) 「マタイ」二七・四五―四六、「マルコ」一五・三三―三四。
(55) 吉川幸次郎監修『論語』中、二八頁（中国古典選4、一九七八年、朝日新聞社）。
(56) 『論語』「先進」第十一。
(57) 同右。
(58) 前掲書、吉川『論語』中、二九頁。

第Ⅱ部

第五章　人類学とヒトの特徴

一　二つの路

これまで、ブッダ、キリスト、ソクラテス、孔子、その他の哲人たちを論じてきた。これらの人々は、時と所を異にし、文化的背景をまったく異にしながら、いずれも舞台裏から自己自身へ、すなわち表舞台への訪れを受けている。その訪れの名称はたがいに異なり、したがって印象も違うが、超感覚的な意味で、いずれも形なきいのちという外はない。なぜ形なきいのちとしてこれらの人々の体感が捉えられるか。それはひたすらブッダの全人格的思惟を学んで、われわれ自身もまた訓練し成就し体感することにもとづくからである。

しかしながら、時所を異にし文化的背景を異にしながら、いずれも形なきいのちと捉えるという事実は、どういう状況の下に生起してくるのであろうか。このことがこれから究明すべき課題である。この問題を解いていくのには二つの路が挙げられよう。そしてこの二つの路は、結局は一つの考察に合体していくと思われる。

その一つの路は、形なきいのちとして捉える方法の確立がいつ頃から始まったのかを模索することである。ブッダは坐禅、キリストは祈り、ソクラテスは立禅、『荘子』は坐忘というように、時所・文化を異にしながら、同じく全人格的思惟を遂行しているが、人間がそれを編み出したのはいつ頃までさかのぼることができるであろうかという問題である。そのためにはヒトの発生にまで遡及してみなければならない。

もう一つの路は、これまでの考察の視野をさらに拡大し拡張していくことである。これまでに、四聖その他の哲人を各別に考察して、しかも形なきいのちの顕現という同じ事実が明らかになった。それゆえに、ここに改めて捕囚の着物を一枚脱ぎ捨てねばならない。それはどういうことかというと、仏教は仏教、キリスト教はキリスト教だけを学んでいては、仏教自体、キリスト教自体でさえも、そのすがたが見えてこないということである。西洋哲学、中国哲学についても同じである。西洋哲学だけ、中国哲学だけの学習では、それぞれのもっと深い意味が明らかになってこないということである。

しかるに今やそれぞれの原点にまで至ってみると、舞台裏から表舞台への訪れ、形なきいのちの顕現というまったく同質のものが明らかになった。それゆえ、それぞれの領域のみの学習という捕囚の衣を脱いで各別の領域を学ぶ人間を一括して、その普遍的なヒトとはいったい何か、ヒトの特徴はどこにあるのか、こういう問題が問われてこねばならない。結局、二つの路は、「宇宙におけるヒト」という一つの課題に合流してくるのである。

二　科学的世界観と縁起説

古生物学者で、生命の起源や原始地球に関する研究で有名なカリフォルニア大学名誉教授P・クラウドは、次のように述べている。

「人間は、先祖を分かち合っている下等な霊長類、それよりもさらに縁の遠い動植物とともに、生物圏の一部となっているという事実から逃れることはできない。人間は生物圏の高い所に立ってはいるが、生物圏より一段上にいるのではない。

生物圏は生命のからみ合ったただ一枚の織物である。それは、地上のいたる所に見出される薄い層だけではなく、海の深い所や大気中ではオゾン層の下まで及んでいる。生物圏は一五〇万種の記載された種のほかに、それと同数か、あるいは二倍程度のまだ記載されていない種から成っている。

全地球の生態系は、三八億年あるいはそれ以上にわたる生物、気圏、水圏、岩石圏の相互作用の産物に外ならない。その特徴は、一部でおこる出来事が他の部分でおこることと相互作用することであり、しかもその相互作用が、短期間だけ見て理解されるよりも、はるかに広い範囲に及ぶことである。たとえば、太陽黒点の活動と牧草地の繁茂の度合、あるいは放牧地のブタクサと花粉病の流行、こうした関連である。これらの相互関連性は、非常に多方面にわたるので、系を分割できないものとして特徴づけることが正しいやり方である[1]」

これは科学的観察にもとづく世界観であるが、仏教の縁起説の全般[2]ではないにしてもその一半と酷似していることが知られる。しかも単に部分的な相依相関ではなく、全体として捉えるべきであるという主張も縁起説とそっくりである。その上に科学的観察であるだけに仏教よりはいっそう具体的であり、さらに時空にわたって果てしなく相依していることを明らかにしようとしている点で縁起説よりは遥かに卓越しているといわねばならない。

このような相依相関性が、今や科学者の間では常識的な説になろうとしている。フランス生まれのアメリカの細菌学者、環境医学者であり、一九五二年にノーベル賞を受けたルネ・デュボスは、『内なる神』を著した。ここにはいわゆるゴッドは一度も出てこない。しかも、全地球的な関連性が、単に科学的な観察だけではなく、家族、氏族、国家、国家連合、さらに人間の文化的活動まで含めて、その関連性を明らかにしており、そこに絶大の喜びを感じようとしているのである。さらに、このような相依相関性は、科学的な観察だけではない。今や地球上の現実が複雑多岐にわたる相関性を示し出してきた。それを解明しようとしたのは、たとえば、これまでしばしば取り上げてきたが、ローマクラブの五つのレポートである。[3] ここにはもはや閑説しない。

以上のように、仏教の縁起説が、さまざまな観点から複雑に現実的なものになってきたのが現代の際立った特徴である。そうしたあらゆるものの果てしなき絡まり合いのなかで、クラウドも述べているように、人間はあらゆる生物と生命を共有している。そしてこのことが科学的に実証されたのは、いうまでもなく一九五二年に、ワトソンとクリックによって明らかになったDNAの二重螺旋構造である。

生命、それは何と不思議な、蠱惑(こわく)的な謎であろうか。われわれは、現に、いま、ここに生きているのである。生命を果たしつつあるのである。果たしつつあるこの生命が、知ると知らざるとを問わず、舞台裏の永遠のいのちに直結しているのである。その直結をみずから認知し体感したとき、蠱惑的な謎はたちまち生命の大歓喜に変貌する。古代の哲人たちは、時所を異にしながら、まったく同質的な目覚めを明らかにしてきた。しかもそれは数千年の隔たりを超えて、現実のわれわれ自身に滴々としてしたたり落ちているのである。いったい生命とは何か。そしてあらゆる生物に共有的な生命のなかで、ヒトの生命とは何か。ヒトが他の生物から訣別する、そのヒトの特徴とは何か。われわれは、宗教も科学も、その枠組みの衣を順々にかなぐり捨てつつ、あらゆる智慧を出し合って、その解明につとめねばならない。これこそ現代のもっとも魅惑的な課題である。

三　アウストラロピテクスからネアンデルタール人へ

最初のアウストラロピテクス（ヒトの祖と考えられている）が発見されたのは一九二五年、南アフリカ共和国のタウングであった。それ以来、考古学、人類学、分子生物学などの発達によって、さまざまに説が変わり、現在もっとも有力な見解として次のようにいわれている[4]。一八〇〇万年前のドリオピテクスから二つに分かれ、一方は一四〇〇万年前のラマピテクスからオランウータンとなり、他方はドリオピテクスからプロコンスルとなり、さらにプロコンスルが、一方ではゴリラ、チンパンジーとなり、他方はアウストラロピテクス、すなわちヒト属となっている。

さらにこのアウストラロピテクスについて次の説が立てられている[5]。それは、二つの異なった種に分かれ、一つは、アウストラロピテクス・ロブストゥス（パラントロプスともジンジャントロプスともいわれる）で、もっとも体が大きく、がっしりとしている。身長は一五〇—一六〇センチ、体重は四〇—六五キロ、脳容積は五〇〇—五五〇ccで、四〇〇万年前から一五〇万年前までの生息期間である。脳容積でいえば、テナガザルが九〇cc、チンパンジーが四〇〇cc、ゴリラが五〇〇ccであるから、この時点のヒトはゴリラと変わらない。

もう一つは、アウストラロピテクス・アフリカーヌスで、体は華奢(きゃしゃ)で、身長は一二〇—一二五センチ、体重は二〇—二五キロ、棲息期間は前者とほぼ同じであるが、前者がすでに特殊化して系統発生的に袋小路に入った時に、ヒト化の方向を示しているという。

これらのアウストラロピテクスは、アフリカのタンザニアで三七五万年前の両足跡が発見され、同じくアフリカのオルトバイで多くの化石が出た。これはルーシーと呼ばれるもので三五〇万年前といわれている。今日までアフリカで三五〇余りの化石が出土しており、したがって人類のアフリカ起源説が有力である。しかし近年は中国でも発見されている⑥。また、見てきたように、ヒトはゴリラ、チンパンジーから分かれたという説が有力であるが、他方ではオランウータン説も出ている⑦。

以上のように、ヒトの祖たるアウストラロピテクスはほぼ四〇〇万年前までさかのぼることができる。このアウストラロピテクスからホモ・ハビリス、ホモ・エレクトゥス、ホモ・サピエンス・ネアンデルターレンシス、ホモ・サピエンス・サピエンスが続いている。

ホモ・ハビリスは、二三〇万年から二五〇万年前のものがエチオピアのオモ渓谷で発見され、脳容積は六五〇—七五〇 ccで、初めて石器を作ったといわれている。また、一八〇万年から二〇〇万年前のものが、ケニアのツルカナ湖畔、あるいはタンザニアのオルドワイ峡谷で発見されている。これらの石器は、石の一部を簡単に打ち欠いて作った礫器で、礫の片面だけに打ち欠きを施したチョッパーと、両面に打ち欠きのあるチョッピングトゥールがある。これを総括してオルドワイ文化という。

つぎのホモ・エレクトゥスは、五〇万年から一五〇万年前のもので、脳容積は八五〇—一二〇〇 ccで、チョッパーとチョッピングトゥールを使っている。一〇〇万年前のヴァロネ洞窟の石器も、チョッパーとチョッピングトゥールが中心で、それに剝片を利用した石器が加わっている。ヨーロッパではこの時代が長く続いており、その外、ジャヴァ、中国、アフリカで発見されている(8)。

つぎのホモ・サピエンス・ネアンデルターレンシスは、脳容積が一四〇〇—一五〇〇 ccであるから、現代人と変わらない。これについては次のようにいわれている(9)。ネアンデルタール人は九万年前頃に出現し、ヨーロッパ、西アジア、アフリカに広く分布して、三万五〇〇〇年前頃に絶滅している。かれらは病者を世話し、死者を埋葬している。死後の世界を信ずることの始まりであり、自己と他己との認識を区別する精神性のきざしが見える。

また、剝片石器を製作し、それをそれぞれに使い分けた。肉を切るにはナイフ、墓を掘るにはハンマーとピック、皮革のような柔らかい材料を加工するためには石錐と石鋸を用いた。かれらは熟練した狩猟民であり、これまで地球上に登場した人類のなかではもっとも腕のたつ集団であった。そのために一部の動物は絶滅した可能性がある。たとえば、ホラアナグマは、一方で祭祀に用いられ、食糧に供し、他方では毛皮となって殺されてしまったと考えられる。人類が環境を変えた最初であるといえよう。また、かれらは火の製作者であり、火の保護者であった。火を作るために黄鉄鉱とフリント（または石英）を使っており、黄鉄鉱の小さな塊が、フランスのアルシーのハイエナ洞窟から発見されている。打ち合わせて散らした火花から火を作るには火口（ほくち）が必要である。火口には、乾燥した菌類を使った可能性がある。菌類の一種であるフォメス・フォメンタリウスの小さな塊がドイツのザルツギッター・レーベンシュタットの堆積物から発見されたからである。

四　後期旧石器時代

ホモ・サピエンス・ネアンデルターレンシスにつづいて、ホモ・サピエンス・サピエンスが現われた[10]。これは、クロマニヨン人として、後期旧石器、最後の氷河期に出現している。ほぼ三万五〇〇〇年から四万年前である。分布の範囲は広大で、イギリス、デンマークのほぼ全土、スカンジナヴィア全体と中央ヨーロッパ北部、チリ、アルゼンチンの一部に広がっている。当時アメリカ大陸とアジア大陸は結ばれていて、クロマニヨン人は連続した大陸に住んでいた。

その文化は、ネアンデルタール人の文化をさらに発展させたものである。ますます能率的で変化に富んだ石器によって特徴づけられている。石器の製作技術が洗練されてきただけでなく、使用目的に合わせて作られるようになった。すぐれた狩猟人で、弓、銛(もり)、罠(つりいと)などを使っていた。また、死者を祭り、墓を整え、装身具や食物などを供えている。さらに、狩猟民の村と漁師の村とが分かれていて、ある種の社会組織が成立している。また、すぐれた芸術的センスに恵まれていて、洞窟を飾っている多くのフレスコ画や、土に描いた絵、トナカイの角に彫刻を施した品々からうかがい知ることができる。

以上はクロマニヨン人の文化であるが、さらに、後期旧石器時代が次のように分けられている。[11] これは、前期旧石器時代（オルドワイ文化、二五〇万年—七〇万年、アシュール文化、七〇万年—一二万年）、中期旧石器時代（ムスチェ文化、一〇万年—四万年）に対するものである。

すなわち、後期旧石器時代は、シャテルペロン文化（三万四〇〇〇—三万年）、オーリニヤック文化（三万三〇〇〇年—二万六〇〇〇年）、グラヴェット文化（二万七〇〇〇年—一万九〇〇〇年）、ソリュートレ文化（二万年—一万六〇〇〇年）、マドレーヌ文化（一万六〇〇〇年—一万年）となっている。このなかで、オーリニャック文化は、フランスの古生物学者、エドワール・ラルテが南フランスのスペインの国境に近いピレネー山脈のオーリニャック洞穴を発掘したが、その中に、動物の骨、火打ち石、骨を加工した骨器、埋葬された数人の人骨を発見した。その特徴は、石器の製作に石刃技法を用いて骨器を発展させ、象牙や歯を加工した装身具を作っている。

また、グラヴェット文化は、いわゆるヴィーナスの立像で知られ、この文化の代表的な芸術であるといわれる。この彫像は、象牙、骨、方解石などで出来ており、ピレネー地方から、フランス、イタリア、ドイツ、オーストリア、チェコスロバキア、ウクライナ、シベリアまで広い地域に及んでいる。日本からも二個のヴィーナス像が発見され、瀬戸内海の小豆島沖と野尻湖であるが、日本のものについては異論が多いという。

五　ヒトの特徴

1　従来の特徴

以上、アウストラロピテクスから後期旧石器時代まで、考古学、人類学などの調査するヒトの動静を挙げてきた。こうしたなかでヒトの特徴とはどのように考えられているのであろうか。調査の対象がまったく物質的であるところから、それに限定された結果しか浮かんでこないのは当然であり、したがってきわめて簡単なものにすぎないことはやむを得ない。

これまで何回か典拠としてきたフランスのジャック・ルフィエは、フランス医学アカデミー会員であり、人類学研究センター所長を務めた人であるが、多くの人類学者は、ヒトの特性として次の四点を挙げている、という[12]。すなわち、(1)日常の直立姿勢、(2)脳の発達、(3)顔面の退縮と歯の非特殊化、(4)手の解放である。これは、ルフィエのいうように多くの人類学者にとって共通のものであろう。

また、ベルギー生まれのジャン・フリッシュは、ルヴァン大学で哲学専攻後、シカゴ大学で人類学Ph. D.を取得、現在上智大学で自然人類学の教授であるが、二〇〇万年前のヒトについて、次の四点を挙げている。[13] すなわち、(1)道具を製作するという目的でその素材を遠くから集めたこと、(2)一定の場所に長くとどまっていたこと、(3)その場所に食糧を集めたこと、(4)大きな動物を解体するのに石器を使用し、おそらく仲間で分け合っていたであろうこと、などである。

また、チャールズ・ラムズデンとエドワード・ウィルソンは、共著で人間精神の起源を模索している。[14] 訳書「あとがき」によると、人類の遺伝的進化と文化的進化のフィード・バックを「遺伝子＝文化共進化」という概念でとらえ、人類の精神発達に見られる後成の規則によって遺伝と文化が結びついているという見解である、という。そして人間精神の起源として、利己的な遺伝子、利他行動、攻撃、社会的行動などを挙げている。しかし、著者みずからいうように、現代人の精神作用はもっとも複雑で、究極の研究対象であり、神経生物学、生化学、内分泌学、遺伝学、発生生物学、認知心理学、言語学、コンピューター科学、文化人類学など、多くの学問が収斂する、という。それからフィード・バックして精神の起源を探るというのは難中の難ではあるが、きわめて興味深い主題であり、まさしくこれからの課題であろう。

以上、ヒトの特徴について、今日指摘されているなかで、三つの見解を挙げてみた。前の二人は、箇条書きのように簡単に記しているだけであるが、共著の著者たちがいうように、考古学、人類学だけで解き得ないきわめて困難な問題であることは確かである。

まして、ここに提起している発想の問題意識はかつてないことである。したがってわれわれは、これまで述べてきたヒトの発生、経過の資料を忠実に凝視しながら、ここに論究してきた問題の芽生えを追想していかねばならない。

2　解明の究極的拠点

これまでの長い論究の中で明らかにしてきた、われわれの発想によるヒトの特性を、アウストラロピテクスから後期旧石器時代までのヒトの動静のなかで問い直してみようというのである。できるだけ科学的な調査に即応しなければならぬことはいうまでもないが、かつてなかった発想だけに、即応しながらも大胆な想像をたくましくしていくことが必要である。もっとも適切なことは、そういう発想をもってヒト調査の専門家になることである。そうすれば、発掘の仕方も、発掘されたものの観察も、さまざまな側面からの分析も、その発想の眼から見ることになって、従来とは違った結果が出てくるであろうが、それは望むべくもない。

ともあれ、現時点で解明された資料にもとづいてイメージを広げていく外はない。そしてこの発想の遂行においてもっとも決定的なことは、解明の究極的な拠点が、アウストラロピテクスとして発生したヒトが四〇〇万年連綿としてついにこの「私自身」に集結しているということである。それを逆行してみれば、「私自身」の全人格的な目覚めが、四聖をとおって、アウストラロピテクスまで、あたかもいのちの閃光の微妙な糸の、存するがごとく亡するがごとくにつながっているということである。「私自身」は生体実験というか、全人格的実験の場というか、資料をみつめながらも、その体験の場から想像の形象がするすると立ち昇ってくるのである。

それはどういう理由によるのであろうか、また、どういう過程をたどるのであろうか。その理由・経緯は、この論文の結論に近づくまで続くことになるであろうと思う。

3　特徴としての静まり

いうまでもなくここに論究したヒトの特徴は、「舞台裏から表舞台へのいのちの訪れ」であった。それは、時所・文化の条件を超えて、ブッダ、キリスト、ソクラテス、孔子の四聖を代表とし、その他多くの人々に顕わになったのであった。そして顕わになる方法の軸たるものは全人格的思惟（坐禅、立禅、祈り、坐忘など）である。四聖の全人格的思惟はわずかに数千年前にすぎない。もとよりそれらの方法が四聖に突如として出てきたものではない。その背景には長い伝統があることは明らかである。

ブッダの禅定は、それ以前のウパニシャッド、ブラーフマナ、ヴェーダまでさかのぼる。そうすれば三千年前である。しかしアーリヤ文明とは異なるインダス河流域の発掘にヨーガ像と思われるものが出土している。そうすると五千年前になる。キリストの祈りは二千年前であるが、その背後の旧約時代のバビロニアまでさかのぼるとすれば、やはり五千年前になる。もっと以前のものが出土すれば時代はさらに古くなる。しかしそれは、ヨーガとか、坐禅とか、立禅とか、祈りとか、すでに方法として形を整えたものである。形を整えるまでの過程となると、ヒトの智慧のきわめてゆるやかに漸進する発達とともに厖大な時間を要したであろう。いったいそれはどこまでさかのぼることができるであろうか。

そのことを検討する前に、われわれはまず全人格的思惟の特性を考えておかねばならない。たとえば、ブッダにおいては戒・定・慧の三学が本来の学である。このうち戒学は、日常生活における全感覚の統制である。そうするとおのずから全人格体が静まってくる。それが定学の始まりである。定学の基本形式は四禅である。初禅・二禅・三禅・四禅と、全人格体はますます静まっていく。意識の微細なさざ波は身体へと吸収され、身心一如の絶対静止態となる。その間に真実の智慧が開かれる、すなわちダンマ・如来が顕わになるのである。そうしてみると、ブッダの禅定は静まりを特徴としていることが知られる。その他の立禅や祈りにおいても、静まりという点では同じであるといえよう。

4　静まりの発生

いったい、この静まりがヒトの発展的過程のなかで、どこまでさかのぼることができるであろうか。この目当ては、これまで明らかにされた資料や、それにもとづいて指摘されている結果について、想像を伸ばしていく外はないであろう。

先に紹介した横山祐之『人類の起源を探る』の中では、後期旧石器時代を、シャテルペロン文化からマドレーヌ文化まで五つに区分されていた。[15] その中に、グラヴェット文化（二万七〇〇〇年―一万九〇〇〇年）がある。この文化の特徴はいわゆるヴィーナス像であるといわれている。この著書には、三個のヴィーナス立像が示されている。このうちの二個は、フランス国境に近いイタリアのグリマルディ洞穴で、一八八三―一八八五年に発見されたもので、その特徴は写実的であるという。また、一般にヴィーナス立像は、乳房や腰が誇張されており、グラヴェット文化の代表的なものであるといわれている。

しかし、われわれの発想の眼からみると、別の印象が伝わってくる。写実的といわれる二個の立像はいかにも素朴であり、みつめていると引きこまれるような静けさがある。なべて三個とも全人格体の静まりが象徴的である。ここにわれわれは、立禅への傾きの先駆的なものを認めることができるのではあるまいか。これらの立像が二万七〇〇〇年から一万九〇〇〇年前のものとすれば、すでにその頃にヒトは静まりへの傾向を持っていたことが知られる。しかし静まりへの傾向は、必ずしもわれわれ人間だけではない。オランウータンの生動のなかには、いかにも冥想しているような姿に見えるものがある。また家で飼っている犬も、満腹して日向（ひなた）に寝そべっているときは、安堵に満ちて静まりの極致である。しかし、みずから意識して持続的にこの姿勢をとることは、他の動物にはないヒトの特徴というべきであろう。

さらにさかのぼってクロマニヨン文化はいかがであろうか。これは三万五〇〇〇年から四万年前である。また、それより以前、ほぼ九万年前のネアンデルタール人はいかがであろうか。ネアンデルタール人は死者を埋葬した始まりであるといわれている。死後の世界を信ずる精神性のきざしを見ることができるが、死者を埋葬するということは、日常の喧噪から退いて精神の静けさを感ぜしめたことであろう。クロマニヨン人に至ってはいうまでもない。そうしてみると、ヒトの静まりは九万年前のネアンデルタール人までさかのぼることができる。

少し違った視点から別の考察を試みてみよう。一九世紀になって人類学者たちが世界各地に未開人の実態調査に出かけた。アフリカ、東南アジアの島々、南北両アメリカ、オーストラリアなどである。それによると、古代から伝承してきた人間の生活様式がそのまま伝えられているという。たとえば、宗教史学、宗教現象学のファン・デル・レーウは、古代人と現代人のそれぞれの生きざまを比較している[16]。現代人の場合は、誕生と死亡とは太い線で書かれ、その中の入学・就職・結婚などは細い線で引く。そして、どこから生まれてきたか、死んだらどうなるかということはまったく問われない。これに対して未開人は、誕生・死亡も、成人・結婚などと同じ太さで、しかも自分の手で書く。結婚すれば夫婦になることが当然であるように、死後は再び生まれかわってくることが自明的である。このように未開人にとっては輪廻転生的な人生観が根づいており、人生の表舞台が、誕生以前から死後にわたる舞台裏によって裏打ちされていることが知られる。

　こうした表裏円環的な考え方・感じ方は、いったいどこまでさかのぼることができるのであろうか。もとより確としたことは不明であるが、相当に古くまで及ぶのではあるまいか。そうした考え方・感じ方が次第に形を整えてきて、インドのウパニシャッドや、ギリシアのピタゴラス、エムペドクレスなどに、明瞭な輪廻転生説として現われている。しかも単なる輪廻転生だけではなく、それを貫通しているいのちの開顕が、ウパニシャッドの哲人やエムペドクレスに実現しているのである。いのちの開顕はごく少数のものに限られていたにちがいないが、輪廻転生の原型的な、漠然とした粗笨な感じ方は、ヒトの歴史のなかで相当古い所まで遡及することができるのであろう。こうした輪廻転生という感じ方の内面性は、ネアンデルタール人の死者の埋葬とともに、やはりヒトの静まりへの傾向を表わしていると考えられる。

さて、いっそうさかのぼってネアンデルタール人から、ホモ・エレクトゥスへ、ホモ・エレクトゥスからホモ・ハビリスへ、そしてホモ・ハビリスからアウストラロピテクスへ至るのであるが、それと同じように、この静まりへの傾向はどこまで遡行し得るのであろうか。ヒトの特徴について、人類学者に共通の見解として、先に挙げたなかで「日常の直立姿勢」というのがあった。そこで想い起こされるのは、アフリカのタンザニアで発見された両足跡である。三七五万年前と測定されている。ほぼ四〇〇万年前といえば、ヒトの祖アウストラロピテクスの時代である。二本足で立つことが直ちにヒトの特徴であるとはいえないが（他の動物にも見られるから）、しかし持続的に定着することはヒトに限定されるとして人類学者が注目している。ここでわれわれの想像は、先に留意した後期旧石器時代におけるグラヴェット文化のヴィーナス立像に移るのである。それは、何ともいえぬ静けさを漂わせている雰囲気として立禅の先駆的なるものを想わせた。グラヴェット文化は二万七〇〇〇年—一万九〇〇〇年前であるから、アウストラロピテクスとの間には、数百万年という比較にならぬほどの大きな隔たりがある。しかし、直立姿勢の持続態が明瞭にヒトの特徴であるとすれば、数百万年をさかのぼるアウストラロピテクスのなかに、少なくとも素質的に立禅への傾きを認めることは、それほど不自然ではないであろう。

あるいはまた、ヒトの特徴として、石器の製作や、一定の場所における長期滞留が挙げられている。石器を作るということは、ただ、のべつに生きるという流れから一歩退いて、未来に備えることであるから、動的な生きざまの静まりであることは確かであろう。最初の石器製作は、二五〇万年—二三〇万年前の、エチオピアのオモ渓谷で発見されたホモ・ハビリスであるといわれている。また、居住の長期滞留が、激烈な活動のみの生活からの変化であるとすれば、これもまたヒトの静まりを表わしていると考えることは容易である。

このように論究してくると、科学的に調査された資料をわれわれの発想から観察するときに、ヒトに独自の特性として「静まり」が浮上してくるのである。われわれはこれをヒトの根源的静態と名づけておこう。

5　根源的静態と根源的動態

ここでわれわれは一転して、先に予告しておいた「解明の究極的拠点」に眼を移してみよう。いや、眼を移すというのはよそよそしい。というのは、その拠点とは、「私自身」の生体実験、全人格的体験の場であり、それにもとづく解明とは、全人格的思惟の只中で考究の糸を手繰り寄せることだからである。それはいったいどういうことであろうか。

私は五十年間坐禅を行じつづけている。軍隊に入って初年兵の間だけ出来なかったが、幹部候補生になって余裕ができてくると就寝時にベッドの上で試みた。その外は今日まで持続している。前半は禅宗の坐禅に従い、五十になってブッダの禅定にかわった。形は同じでも、微妙にかつ本質的に内容が違っている。ともかく禅定は、全人格的思惟であり、その思惟は全人格体がひたすら静まる方向へ傾いている。

しかしながら、この思惟が次第に熟してくるにつれて、単に静まるだけではないということが知られてくる。静けさのなかに、澄明で強靭な微力が動き始める。やがていのちが顕わになってくると、いのちそのものが全人格体の静謐において激発する。全人格体はいのちに充溢されて宇宙的となる。静けさそのものが動きそのものである。「大黙の宇宙体、自然に鳴動す」るのである。けれども、禅定すなわち全人格的思惟は、やはり静まりへの傾きが主軸であるというべきであろう。

全人格的思惟を全うしていくためには健康体であることが不可欠である。不調な身体では、思惟への意欲もその実践も不十分である。そこで健康になるために、以前にはヨーガの体操を、今では気功を試みている。先に、ブッダは坐禅、ソクラテスは立禅といったが、坐禅も立禅も、いわば静禅であり、静けさを軸としている。それに対してヨーガや気功は、いわば動禅であり、動きが中心である。実際に気功を行じてみると、三つの要素から成り立っていることが知られる。動きと呼吸と意識である。全人格体が動きつつ、呼吸が調い、意識がそれに従っていく。そして、つづまるところ、体と呼吸と意識とが、ただ一枚の動きとなり果てる。この動きはいのちそのものの動きであり、そのままが解脱に至っている。そしてその動きのなかに底深く静けさが宿っている。

禅定は、静まりの極みにいのちの動きが煌（きら）めき、気功は、全人格体の動きのなかに統括的な静けさを包んでいる。そして禅定も気功も解脱につながっている。私は、この数年間、禅定と気功を並行して行じているが、私の人格体のなかで禅定の静まりと気功の動きとが相乗作用をおこして、人格体は健康への道を驀進していることを、私は体感する。真の健康への道は真の解脱への道である。健康と解脱とは不可分の関係である。なぜなら真の健やかさは、いのちの宿る拠り所だからである。

私は、禅定と気功を並行して試みることによって、静まりと動きとが、人格体に備わる本来的な特徴であることを感ずる。このような全人格的思惟の拠点から、私の想念は一挙にアウストラロピテクスに結びつくのである。アウストラロピテクスは、ゴリラ、チンパンジーから分かれて（オランウータン説もある）、ヒトの祖として第一歩を踏み出した。ヒトとして踏み出しても、ゴリラ、チンパンジーの活動性を荷っているのである。生き抜いていくためには、天災地変にきびしく対処し、野獣と激しく格闘していかねばならない。この本来的な活動性を、私は根源的動態と名づけておこう。

このように、根源的静態と根源的動態は、人格体に備わる本来的なヒトの特徴である。いや、むしろ、この両者は生命に備わる特徴であるといえるかもしれない。猿や犬にも認められるからである。しかし、「舞台裏から表舞台へのいのちの訪れ」を実現していくためには、とくにこの本来的な静態と動態を相乗作用せしめて促進していくことが重要である。ただヒトにのみ可能であるいのちの顕現は、静まりと動きとを活用することによって促されるのであり、このような根源的静態と動態とは、すでにアウストラロピテクスのなかに、ヒトの特徴として素質的に並存していることを認めることができるであろう。「舞台裏から表舞台へのいのちの発現」こそ、ヒトのヒトたる究極の目当てである。

註

（1）クラウド『宇宙・地球・人間』Ⅱ、一四八―一四九頁の撮要（一国雅巳・佐藤壮郎・鎮西清高訳、一九八一年、岩波書店）。

（2）仏教の縁起説は、これまで「すべては相互に依存し合って成立している」という一面が強調されてきた。このような相依性が消滅するという他の一面も、これまで説かれないわけではなかったが、主としてこの傾向が強い。これは今日一般的に承認されているだけでなく、歴史的展開においてもそうであり、私自身この説に傾いていた。しかるに近年、改めて般若波羅蜜多について調べているうちに、相依性は縁起説のごく表層的な現われであって、その原意は、もっと深い、仏道の基本に関わるものであることが明瞭になった。それは原始経典から大乗経典を通貫しているものである。これについては「般若波羅蜜多の究明」（真野龍海博士頌寿記念論文集、山喜房佛書林）参照。

（3）訳書だけを示すと、『成長の限界』（一九七二年、ダイヤモンド社）、『転機に立つ人間社会』（一九七五年、同）、『国際秩序の再編成』（一九七七年、同）、『消費の時代を超えて』（一九七九年、同）、『人類の目標』（一九八〇年、同）。

（4）ジェフリー・シュワルツ『オランウータンと人類の起源』一一七頁（渡辺毅訳、一九八九年、河出書房）。

（5）ジャック・ルフィエ『生物学から文化へ』二七八、三〇二頁（芹沢玖美訳、一九八五年、みすず書房）。

（6）一九八九年五月十日のＥＴＶ８（人類誕生四〇〇万年）で、呉汝康・江原昭善両氏の対談中、八〇〇万年前のラマピテクスが雲南省・禄豊で発見され、ルフォンピテクスと名づけたと報ぜられている。また、同じく十一月二十八日の朝日新聞によると、湖北省でアウストラロピテクスの頭骨化石が発見され、一〇〇万年から二〇〇万年前のものといわれている。

(7) 註(4)のジェフリー・シュワルツがそうである。
(8) 以上、横山祐之『人類の起源を探る』(朝日選書三三八、一九八七年、朝日新聞社)。
(9) マイラ・シャクリー『ネアンデルタール人』一〇、一九、二二、九五頁など(河合信和訳、一九八五年、学生社)。
(10) 以下、前掲書『生物学から文化へ』三一九―三二三頁。
(11) 以下、前掲書『人類の起源を探る』三八頁。
(12) 前掲書『生物学から文化へ』三四一頁。
(13) 『人間とは何か』九七頁(一九八三年、どうぶつ社)。
(14) 『精神の起源について』一一―一三、四二―五五頁(松本亮三郎訳、一九八五年、思索社)。
(15) 註(11)の本文参照。
(16) ファン・デル・レーウ『宗教現象学入門』一四一―一四二、一四八―一四九頁(田丸徳善・大竹みよ子訳、一九七九年、東京大学出版会)。

第六章　科学といのちとの和解を目指して

一　はじめに

全人格的思惟における目覚め、いいかえれば、舞台裏から表舞台へのいのちの訪れ、さらにいいかえれば、いのちそのものの私自身の生体における発現。これこそ全人格体の実証そのものであり、即物的でさえある。科学もまた、パラダイムを転換しながら観察から実証へと進んでいく。いのちの発現も科学も、つづまる所は同じ実証そのものである。長い歳月はかかるにしても、科学といのちとがどうして和解しないことがあるであろうか。科学は、現代人にとって脱ぎ捨てることのできない衣である。その衣は現代人の心魂にまでしみとおっている。科学は現代そのものの象徴的存在である。現時点では、科学は客体的・対象的であり、いのちの発現は全人格的であり、主体性それ自体である。両者は真っ向から対立しているが、やがていつの日にか、たがいに立場を認め合う時節が到来することは間違いない。その時節到来までヒトは滅亡することもできないであろう。なぜなら、科学の衣をすっぽりと全身にまとうている現代人たるヒトにとって、いのちの発現はヒトそのものの本性に復帰することだからである。

両者の対照は、多面的であり、複雑多岐にわたっているから、それを一望するだけでも纏(まと)めることは不可能である。ここではただ二つに絞ってその和解の行方を推察してみよう。一つは、医学的生命といのちとの和解、二つは、科学的宇宙観といのちとの和解である。

二　医学的生命のいのちとの和解

1　ホメオスタシス

まず第一に、医学的生命といのちとの和解である。なぜこの課題が問われるのであろうか。周知のように、ブッダの出発の根本問題は生老病死であった。そしてその解決をたずねて不生・不老・不病・不死のいのちそのものを実現した。これはブッダだけの問題ではなく、われわれにとっても同じ課題であり、現代人にとって普遍的である。なぜなら現代人は、自分の生老病死をすべて医学に任せてこの世を終わっていく。というのは、病院で生まれ、病めば入院し、同じく病院で息を引きとっていくからである。医学にとっていのちそのものの発現・自覚は、将来に及ぶ根本課題となることは明瞭である。

こういう視点から、いのちの全人格的充足と、人体の生理学的研究との橋渡しになる一つの概念をとりあげてみよう。それは生理学上のいわゆるホメオスタシス homeostasis である。これは造成語であって、「恒常性」「同一の状態」の意味に使われている。最初はフランスの生理学者ベルナール（Claude Bernard 1813–1878）が、体温や血液成分などの内部環境の条件を一定に保つことが生存と健康の維持のために必要であることを唱えた。つづいてアメリカのキャノン（Walter B. Cannon 1871–1945）は、その内部環境が一定の状態に保たれていることをホメオスタシスと呼んでいる。気温や湿度の変化がともすれば内部環境の状態を崩そうとするのに対して、体内の諸器官が統一的かつ合目的的に働いて、内部環境の平衡状態を保っていることをいう。その主軸をなすものは自律神経と内分泌腺である、といわれている。[1] キャノンは、有名な書『身体の智慧』（The Wisdom of the Body）の著者として知られている。

なぜここにホメオスタシスを取り出してきたかというと、いのちの発現が全人格体そのものの主体性であるのに対して、ホメオスタシスは、生理学上の主体性を意味しているからである。そしていのちの発現の主体性とホメオスタシスの主体性とがどのように関わるのかが問われねばならない。この関係の考察を進めていくために、別の視点、すなわち大脳生理学の研究結果を取りあげてみよう。

2　大脳生理学の成果

大脳生理学者、時実利彦は次のように述べている。

「精神の統御によらないいのちの保障は、脳幹と脊髄にある体性神経系の反射活動と自律神経系の調節作用によって営まれている。体性神経系の反射活動は、姿勢保持反射と防衛反射の二つに分かれる。姿勢保持反射は、重力のもとで一定の体型、すなわち姿勢を保持しようとする働きであって、伸筋が主役を演じている。……脳幹では全身的に調整された姿勢保持が反射的に営まれている[2]」

「精神の統御によらないいのちの保障」とは、留意すべき語である。「いのちの保障」は、精神とは無関係に、身体そのものに備わっているということを意味している。そして身体のどこに備わっているかというと、それは脳幹—脊髄系にあるのであって、そこでは姿勢を保持しようとする働きが営まれている、という。「いのちの保障」が脳幹—脊髄系にあるということと、そこでは姿勢保持の働きが営まれているということは、きわめて重要な意味を持っている。そして、さらにもうひとつ重要な働きを加えてみよう。それは、「呼吸を調える」ということについて、同じ論文の「脳幹の構造」の項で、「呼吸や血管や心臓などを支配する自律神経の中枢がある」[3]といわれている点である。つまり、脳幹—脊髄系に、姿勢保持と呼吸調整の働きが含まれていることが知られる。これが後論するように全人格的思惟の原則と嚙み合ってくる点で、留意しておく必要がある。

さらに、大脳生理学の次の二つの説を付加してみよう。一つは、同じ時実利彦の次の見解である。

「生きていることの保障は、脳幹—脊髄系で営まれており、たくましく生きていく本能と情動の心と行動は大脳辺縁系で営まれており、うまく生きていく適応行動と、よく生きていく創造行為とは、新皮質系によって営まれている」[4]

もう一つは、アメリカの脳神経学者ポール・マクリーン(Paul Maclean)の説である。これはコーネル大学・惑星研究所所長カール・セーガン(Carl Sagan)によって紹介されている。[5]それによると、脳の機能は三つの段階によって進んできた、という。第一段階は、脳幹をおおっている「R領域」[6]と呼ばれるもので、数億年前の爬虫類の頃に発達した部分である。第二段階は、R領域をとり巻いている「辺縁系」で、数千万年前の哺乳類の頃のものである。第三段階は、もっとも外側の大脳新皮質である。これは数百万年前、われわれの祖先が霊長類となってから発達した部分である、という。

以上、挙げてきたなかで、必要な箇所を整理してまとめてみると次のようになるであろう。すなわち、精神作用とは無関係の身体そのものに備わっているいのちの保障は、脳幹—脊髄系における体性神経系の反射活動と自律神経系の調節作用によるもので、そこでは姿勢保持と呼吸調整の働きが営まれている。いいかえれば、脳幹—脊髄系において「生きている」ということが保証されている。しかもこの部分は、数億年前の爬虫類の脳と同質である。そして、内部環境の平衡状態を保っているホメオスタシスは、身体の恒常性、いいかえれば身体の主体性であるということができる。そのホメオスタシスも脳幹—脊髄系も、自律神経系が主軸をなしているから、ホメオスタシスは脳幹—脊髄系に深く関わっていることが知られる。

3　身体の主体性と全人格的思惟——免疫学の進歩

生理学上の重要な概念であるホメオスタシスと、大脳生理学の成果のなかから必要な箇所をまとめてみたのであるが、この点で全人格的思惟の実践と重なり合ってくるところが、興味深い課題となってくる。

全人格的思惟すなわち禅定について、基本の三原則は、調身・調息・調心である。調身は姿勢を調えることであり、調息は呼吸を調えることであり、調心は心を調えることである。結跏趺坐において、姿勢を正し呼吸を調えてくると、おのずから心は調ってくるのであり、したがって三原則のなかで、とくに調身・調息が重要である。しかるに、大脳生理学では、調身・調息は脳幹―脊髄系において司られている。

われわれが結跏趺坐によって禅定に入るとき、重要なことは、心の分別をすべて放ち捨て、ひたすら調身・調息することである。この点がまさしくホメオスタシスと重なり合ってくる。なぜなら、分別を捨てて調身・調息に専念することは、精神の統御とは関わらないホメオスタシス、いいかえれば身体そのものの主体性に徹底することだからである。しかもその調節作用が脳幹―脊髄系にあるということが注目される。その訳(わけ)は入定(にゅうじょう)してみると、必ずその都度に、全人格体が、眉間の中央から後頭部に線を引いたその中間、すなわち脳幹―脊髄系のあたりに集中してくるからである。坐禅を始めて五十年、初期には気づかなかったが、次第に熟してくると、必ずそうした状況を呈してくる。少なくとも二十年間は毎日同じ経験を繰りかえしているから、この事実は間違いない。

そうしてみると、身体そのものに備わっているいのちに、全人格体が集中するとき、数億年来の爬虫類といのちを共有しているということが知られる。その際、大脳辺縁系・大脳新皮質は除外されているのではなく、それぞれの作用は吸収されて脳幹―脊髄系に集約しているのであるから、数千万年来の哺乳動物とも、数百万年来のホモ・サピエンスとも生命を共感していることはいうまでもない。

さて、ここまでは、大脳生理学と全人格的思惟とがたがいに重なり合い、補修しあってきた成果であるということができる。これだけ明らかになっただけでも、われわれの対象的思惟作用を超えて、身体そのものに備わる智慧がいかに微妙で卓越しているかが知られる。

しかるに全人格的思惟すなわち禅定は、この時点にとどまるのではない。脳幹―脊髄系における集中意識を遥かに超えていく。しばしば指摘してきた如く、母親の胎内に宿った時の一点、カララの状態になり果てるから、脳も心臓も、心も魂も、からだ全体が一つとなる。もとより物理的にそうなるのではなく、自覚体として「ひとかたまり」となる。それゆえに、全人格的思惟の立場からいえば、脳幹―脊髄系が生命の所在でなく、全人格一体そのままが生命であるといわねばならないであろう。ここにおいて、全人格的思惟は、大脳生理学に関わるホメオスタシスから訣別せねばならない。

しかるに近年、ホメオスタシスが脳・神経系に関わる以外にも発見されてきた。その一つが免疫系である[7]。細菌に感染すると、いろいろな障害がおこるが、復元力として働くのが免疫系である。細菌のような異物が体内に侵入した際、Tヘルパー細胞と呼ばれるリンパ球が、これは異物かどうかを吟味した後、もし異物ならば、それと選択的に結合してこれを排除し、抗体を生産する。あるいは、細胞が癌化した場合、Tキラー細胞と呼ばれるリンパ球が直接攻撃してこれを殺す。こうした復元作用が免疫といわれる。重要なことは、自他の区別が明瞭になされていることである。細菌は外から侵入してきたから他であり、したがってこれを攻撃する。これに対して自分の中の細胞や蛋白質は自であるから攻撃しない。これがホメオスタシスである、という。

以上のように免疫学の進歩によって、細胞にまで自他の区別をなす働きのあることが知られてきた。これはきわめて重大な発見である。自他の区別をなして他に対して対処するということは、明らかに生命の働きである。そうしてみると、生理学的な立場からいっても、生命は脳幹—脊髄系に限定されるのではなく、身体全部に張(みなぎ)っており、したがって全人格的思惟の立場における生命の全人格性にいちじるしく歩み寄ってきていることは疑いを容れないであろう。

最近、免疫学の研究はさらに綿密になっているようであるが[8]、さまざまな系におけるホメオスタシスが、身体の主体性としてどのように統一されるのか、全人格的思惟における全人格性との照合が、今後、待望さるべき課題となることは間違いないであろう。

三　科学的宇宙観といのちとの和解

1　和解の必然性

つぎに、「科学的宇宙観といのちとの和解」についての課題である。先に述べた、「医学的生命といのちとの和解」に比べると、これはまた、一段とむずかしくなってくる。先の課題では、大脳といい、ホメオスタシスといい、それらを意識して身近に感知することができた。それに対して科学的宇宙観では、ビッグバン、あるいはビッグバン以前の世界など、直接に観測することは不可能である。しかしながら、それにもかかわらず、「科学的宇宙観といのちとの和解」は、まさしく将来の課題として必然的であるといわねばならない。なぜなら、これまでの論述の意図を想い起こせば直ちに明らかである。

すなわち、宗教を超える真理とは「舞台裏から表舞台へのいのちの訪れ」である。しかもそれが真理として、明晰判明なるものとして実証されるのは、「解明の究極的拠点」、すなわち、私自身の全人格的思惟、ならびにそれにもとづく「いのちの顕現」に依るからである。

「いのちの顕現」に依る真理の実証とは、どのような光景を呈するのであろうか。それはブッダの教えに学ぶ入定（禅定に入る）において明白である。入定とともにいのちが顕わになってくると、全人格体の主体性のまま、その主体性のエゴイズムが消滅して全人格体はいのちに充足される。いのちとは舞台裏のいのちであり、したがって、舞台の表と裏との隔たりが消え、いいかえれば、全人格体と宇宙との境界が払われる、つまり無境界となり、全人格体はそのまま宇宙と一体となるのである。これはまさしく、「いのちの顕現」に依る全人格的思惟の実証である。これに対して科学的宇宙観は、現在経験しつつある宇宙の分析によって宇宙の起源を解明しようとしている。「科学的宇宙観」も「いのちの顕現」も、同じ目標を目指している。両者のあいだにいかに困難な隔たりが介在していようとも、やがてはたがいに相手の立場を認め合うという日の到来があり得ないとは、どうしていい得ようか。

2 ビッグバン宇宙観といのちとの和解

以前に、ビッグバン宇宙観と仏教との対比、歩み寄り、和解を目指して論究したことがあった。[9] その際にも、先に述べたようなヒトの根源的静態と根源的動態との交絡に依る全人格的思惟の開発に拠点を求めた。四〇〇万年にわたるヒトの歴史的足跡の結果に依拠したのである。したがって、その際のもう一つの原則は、ドイツの動物学者、エルンスト・ハインリッヒ・ヘッケル（一八三四—一九一九）の主張した、いわゆる生物発生の反復説である。すなわち、

「個体発生は、系統発生の短縮された、かつ急速な反復である」

というものである。これを延ばしていえば、われわれ自身の個体の生涯は、長い時間をかけて展開してきた種族の生物学的な歴史を繰りかえすというのである。そしてその系統をヒトの発生にまでさかのぼり、さらに宇宙創成にまで拡張したのである。宇宙創成はいうまでもなくビッグバンである。これに対して個体発生は、これも先に論じた如きカララである。すなわち母親の胎内に受胎したときの一点である。そのカララが胎内で発育し、誕生して生涯が始まる。系統発生のビッグバンと個体発生のカララとが対応するわけである。

そのカララが、私自身の全人格的思惟において、私自身の全人格体の主体そのものとなる。やがていのちが顕わになって、私自身は自覚的に宇宙と融合し、宇宙と一体となる。このような全人格的思惟における実証が、ビッグバン宇宙観とどのように対応するかというのがその主題であった。その際、私の大きな支えとなり、私をひきつけてやまなかった一冊の科学書が、ポール・デイヴィスの『ブラックホールと宇宙の崩壊』[10]であった。この科学書を相手に、「いのちの顕現」との照合を重ねたのである。

ここにおいて、「宇宙とは何か」という主題について、両者の対応するものは、次の如くであった。全人格的思惟における業熟体は、個体であると同時に宇宙である。この思惟においては宇宙そのものが個体に顕わになってくる。これに対してビッグバン宇宙観は、宇宙そのものではなく、数学的合理性と観測にもとづく限りの宇宙である。

ブラックホールの奥底に、曲率無限大の裸の特異点 naked singularity というのがある。そこでは物理学は破綻し、時間・空間は消滅する。しかるに、この裸の特異点が、ブラックホールだけではなく、宇宙創成のビッグバンにも指摘されている。この点から、裸の特異点が全人格的思惟のいかなる状況と対応するのか、これが既述の論稿の主軸であった。その内容については、その小論[11]を参照してもらうこととし、ここではただ対応の項目のみを挙げておく。(1)無限大の数学的原理と、全人格的思惟における宇宙との吹きとおし。(2)無理数の分割可能な視点からはどこまでも限りなく潜みながら、しかも無理数の形として現われているという点と、個体的であると同時に宇宙共同体的である業熟体の、底知れぬ潜みから、全人格的思惟において顕わになり続けてやまないという点。(3)トポロジーにおいて一つの穴が開くということと、全人格的思惟において形なきいのちが顕わになるということ。(4)ビッグバンの空間的特異点、いいかえれば爆発の瞬間の無法則性と、全人格的思惟におけるいのちが顕わになる瞬間の離言性。ならびに、爆発の瞬間以後、法と秩序とが宇宙を支配しながら展開していくことと、全人格的思惟における目覚めの離言性から、「いのちが顕わになる」という最初のことば、つづいて教え、法則、規則などが発展してやまないということ、等々である。

以上が当時の論稿の概要であった。その各項目の着想の重要性は今もなお変わりはない。しかるに近年、ビッグバンよりさらにさかのぼって、ビッグバン以前の状況が問われてきたのである。

3　ビッグバン以前の宇宙観といのちとの和解

高度の理論と技術

そこで最後に、ビッグバン以前の状況と、いのちとの和解について探ってみたいと思う。これについて参照されるのは、次の諸著作である。佐藤勝彦『宇宙はわれわれの宇宙だけではなかった』[12]、ホーキング『ホーキングの最新宇宙論』[13]、『ホーキング、宇宙を語る』[14]などである。このうち、最初の著作は、ホーキング、ビレンケン、佐藤勝彦、三氏の見解が入り交じっており、門外の者にはなかなか区別しがたいが、しかし非常に分かりやすく、論述するのに大いに助けになった。後の二著作はホーキングの見解である。前著は、きわめて砕いて説かれており、その点では分かりやすいが、逆にそのために、問題の所在を突き止めようとすると、かえって捕えにくくなることが多い。それに比べて後著は、かなり専門的な内容にまで立ち入って述べており、理解するのに緊張感があるが、問題意識をもって当たると応答してくれることがかなりある。しかし、いずれにしても、門外の者にとっては至難なことである。

前にも述べたように、科学的宇宙観は、数学的合理性と観測された事実にもとづいている。ことにビッグバン以前の宇宙観の場合には、数学的合理性の背景に、一般相対性原理と量子力学との結合があるといわれている。また観測についても、その技術が発達して、単にレンズによる望遠鏡だけではなく、電波望遠鏡、赤外線・X線・ガンマ線望遠鏡、ニュートリノ望遠鏡、動力波望遠鏡など、さまざまな技術が駆使されている。このような理論や技術のプロセスが理解されて、初めて将来の展望がうなずかれるのであるにちがいない。

それに対して、われわれにとってはこれらのどの一つをとってみてもすべて門外のものばかりである。高度な理論や技術をすべて排除して、一般にも通ずる言葉による説明だけを頼りに接触していく外はない。そこには理論や技術から絞り出された現象の結果が目に触れるだけである。そのなかに、もしかりにわが意を得たりと飛びつくことがあったとしても、その想いには大きな誤解を冒していることさえあるにちがいない。それにもかかわらず、両者の和解を目指して論述を進めていかねばならない。その理由は、先に「和解の必然性」において述べたとおりである。

交流の始まり

さて、宇宙観のなかで、どこから手をつけたらいいであろうか。多くの問題のなかで、その一つを選ぶとすれば、その外の諸問題がすべてそれに関わってくるので、問題の選択には戸惑う。そこで思い切って、究極の主題から始めてみよう。それは「大統一理論」あるいは「超大統一理論」といわれるものである。

ホーキングは、物理理論について次のような意味のことを述べている。

「理論とは、宇宙全体あるいはその一部についてのモデルであり、それを観察によって裏づける一組の規則である。理論はわれわれの頭の中にだけ存在し、その外にいかなる実在性も有しない。どんな物理理論でも、仮説にすぎないという点ではつねに暫定的である。それゆえに、宇宙を全体として記述する理論を考察することが至難なことは明らかである。それにもかかわらず、宇宙のすべてのものが、他のすべてのものと根本的に依存し合っているとすれば、問題の一部だけを取り出すのでは十分な研究とはいえない。

今日の科学者は、二つの基礎的な理論を用いて宇宙を記述している。その二つとは、一般相対性理論と量子力学である。これらは今世紀前半の偉大な知的産物である。しかし、この二つの理論はたがいに矛盾し合っている。その矛盾し合う両者を取り入れた新しい一つの理論、すなわち重力の量子論の探究が、今日の物理学の大きな目標の一つであり、本書の重要な主題である。

究極的には諸理論を結びあわせて、宇宙のすべてのことを記述する一つの完全な統一理論にまとめあげなければならない。しかし、このような完全な統一理論の探究には根本的なパラドックスがある。それは、われわれが理性的存在であり、思うように宇宙を観測してそこから論理的な結論に至り得るということを前提にしているからである。

もし完全な統一理論が本当に存在するとすれば、それはわれわれの行為をも決定しているであろう。これは、つまり、この理論を探求することによって得られる結果も、この理論自身によって決定されているということである。人びとは、世界の背後にある秩序を熱望しつづけてきた。われわれがなぜここに存在しているのか、どこから生じてきたのかを知りたいと切望している。知識に対する人間の強烈な欲求が、われわれの探求を十分に正当化する。そしてわれわれの住むこの宇宙の完全な記述こそ、その目標である[15]」

引用が長くなったが、これは、数頁にわたる論述の、その道筋だけを抽出したものである。この道筋の背景は、門外者の理解を超える理論や観測で裏打ちされていることはいうまでもない。それゆえに、統一理論へのホーキングの信念が、どのようなプロセスで確立するまでに至っているかという具体的なうなずきについての情熱や迫力は、もとより私には伝わってこない。しかもホーキングは、別の箇所で、今世紀の終わりまでには、第一線で活躍している何人かの物理学者は必ずや統一理論に至るであろう、とまで予告している。[16]そしてホーキングは、次のように本書を結ぶのである。

「もしわれわれが完全な理論を発見すれば、その原理の大筋は、少数の科学者だけでなく、あらゆる人に理解できるはずである。その時には、われわれすべて――哲学者も、科学者も、ただの人たちも――が、われわれと宇宙が存在しているのはなぜか、という問題の議論に参加できるようになるであろう。もしそれに対する答えが見いだせれば、それは人間理性の究極的な勝利となるであろう。なぜならそのとき、われわれは神の心を知るからである[17]」

右の結文は、ただの人であるわれわれ門外の者を奮起せずにはおかない。是非その時まで生き延びて議論に参加したいと思う。ここでいう神の心とは、もはやキリスト教の教義の中の神ではなく、現実の人間に普遍的な真理、ブッダの如来の心にも通じている。さらに宗教を超えるいのち、孔子の天命、キリストのプネウマ、ソクラテスのソフィア、『荘子』の坐忘、『列子』のなかの老商の理にも開かれている。

しかし、その時まで生き延びなくてもよい。今日直ちに議論を始めてみようではないか。統一理論の裏づけはわれわれの理解を超えるとしても、その理論とは一つのモデルであり、頭の中にだけあるものであり、つねに暫定的である、という。つねに暫定的であるものが、どうして間近にその理論の完成を予告することができるのか、われわれの理解と想像を超えるのであるが、これに対して、われわれには、いのちの訪れという確実な実証がある。それは宇宙的であり、むしろ宇宙を通貫するものである。ただ、いかに全人格的な実証であっても、日常相互の振る舞いに現われるだけであって、つねに形なき領域にとどまる。理論のモデルでも、観測された事実でも何でもよい。もっと現代的な即物的なものが欲しいのである。両者（物理学者とわれわれ）の裏づけは相互に通じなくても、いずれも宇宙を通貫するものに関わっているのであるから、いま直ちに交流を開始しようというのである。

超大統一理論の構想

物質世界としての宇宙を支配しているのは、四つの力であるといわれる。重力、電磁気力、弱い核力、強い核力である。[18] 四つの力は、一挙に明らかになったのではなく、さまざまな力や法則を統一していく歴史的な過程のなかで、整理統合されて四つの力となっている。物理学は、この四つの力をまとめる統一理論を目指している。

まず、マックスウェル（James Clerk Maxwell 1831-1879）によって、「電気の力」と「磁気の力」とが統一され、「マックスウェル方程式」が作られた。つづいて約一〇〇年後、一九六七年にスティーヴン・ワインバーグとアブダス・サラムとは、電磁気力と弱い核力を統合する理論を提唱した。いわゆる「ワインバーグ・サラム理論」である。この理論は、ヨーロッパ原子核共同研究所の実験で実証された。次に目指すのは、強い核力を加えた三つの力をまとめる、いわゆる大統一理論、さらに重力を加えた超大統一理論であるが、いずれもまだ完成していない。晩年のアインシュタインは、プリンストン大学研究所で超大統一理論に専念したが、ついに成功しなかった。

しかしその後、研究や実験はいちじるしく進歩してきた。強い核力は高エネルギーでは弱くなり、電磁気力と弱い核力は高エネルギーでは強くなる。そこで大統一エネルギーと呼ばれる非常に高いエネルギーでは、この三つの力はすべて同じ強さになり、単一の力の異なる方面に外ならないということが分かる。さらに、クォークと電子のような、共通のスピン$1/2$を持つ異種の物質粒子も、このエネルギーでは本質的には同じになることを予測し、それによって超大統一を達成しようとするのである。

もしこのような統一理論のモデルに従うとすれば、宇宙はただ一つの力によって支配されていることになる。いったいその一つの力とはどういうものであろうか。それは宇宙を通貫するいのちそのものと対応すべきものなのであろうか。こうした点を主題としていくために、四つの力それぞれについて少し考察してみよう。

四つの力のうち、重力はニュートンの万有引力である。[19] この力は普遍的であり、あらゆる粒子がその質量（エネルギー）に応じてこの力を受ける。重力は、四つの力のうちでも極端に弱いが、遠距離まで作用する。たとえば地球と太陽の間の重力を考えるとき、その中の個々の粒子間は非常に弱い力しか働かないが、それらが統合されるとかなり大きな力になる。このような重力場を量子力学的にいえば、二つの物質粒子間の力は、重力子といわれるスピン2の粒子が担っていると考えられる。重力子はそれ自体の質量を持たないから、その力は長距離力となる。地球と太陽の間で重力が働くのは、それぞれの粒子間で重力子が交換されるためである。交換される粒子は仮想的ではあるが、確かに測定可能な効果を作り出している。実際それによって地球は太陽のまわりを回っているのである。

つぎに電磁気力である。デジタル時計を動かし、電車を走らせている力である。これは電子やクォークのような電荷を帯びた粒子には働くが、重力子のような電荷を帯びていない粒子には作用しない。この力は、重力に比べてはるかに強い。二つの電子の間に働く電磁気力は、その間に働く重力の、一億×一億×一億×一億×一億の、さらに一〇〇倍（一のあとにゼロが四十二）も大きい。ところで電荷にはプラスとマイナスの二種類がある。プラス電荷同士の間に働く力は、マイナス電荷同士の間に働く力と同じく斥力であるが、プラス電荷とマイナス電荷の間の力は引力である。太陽や地球のような大きな物体は、プラス電荷とマイナス電荷とはほぼ同数で、したがって個々の粒子の間の引力と斥力は大体打ち消し合い、実際の電磁気力は非常に小さい。しかし、原子や分子という極小の領域になると、支配的なのは電磁気力である。マイナス電荷を帯びた電子とプラス電荷を帯びた原子核内の陽子の間に働く電磁気の引力が、電子に原子核のまわりを回らせている。それは、重力が地球に太陽のまわりを回らせているのと同じである。電磁気の引力は、光子と呼ばれるスピン1で質量のない仮想的な粒子を大量に交換することで生じると考えられる。

つぎに弱い核力である。これは放射能にかかわりのある力であり、スピン$\frac{1}{2}$のすべての物質粒子に作用するが、光子や重力子のようなスピン0、1、2の粒子には作用しない。スピンというのは、それぞれの粒子に固有な回転のことである。この点から、宇宙のあらゆる粒子を見ると、二つのグループに分けられる。一つは、宇宙の物質を作りあげているスピン$\frac{1}{2}$粒子であり、もう一つは、物質粒子間の力を生みだすスピン0、1、2の粒子である。

このうち物質粒子は、いわゆるパウリの排他原理に従っている。この原理は、オーストリアの物理学者ヴォルフガング・パウリが一九二五年に発見したものである。それによると、同種の粒子は、ある限界内で同じ位置と速さを持つことができないというものである。物質粒子がスピン0、1、2の粒子の生みだす力の影響を受けながら、超高密度でも崩壊しないのは、この原理による。物質粒子が同じ位置にあるとすれば、それぞれ異なった速度を持っており、同じ位置に長くとどまることはできない。もしかりに、排他原理なしにこの世界が創造されたとすれば、クォークは、別々のはっきり確定した陽子と中性子を作らなかったであろうし、さらにそれが、別々のはっきり確定した原子を形づくることはなかったであろう。原子はすべて崩壊して、一様な高密度のスープ状態になったであろう。[20]

最後に強い核力である。この力は、陽子と中性子のなかでクォークをまとめており、原子核のなかで陽子と中性子をまとめている。そしてこの力はスピン1の粒子が担っているといわれている。これはグルオンと呼ばれており、原子核を原子の中に閉じこめておく強い力を媒介する。[21] この力は粒子を結びつける際に、色がなくなるような組み合わせ方をする。クォークには、赤、緑、青の色があり、赤のクォークは単独でいるが、グルオンの紐(ひも)によって、緑と青のクォークと結びつき、赤・緑・青が重なり合って無色に見える。このように、クォークやグルオンは単独では取り出せない。

クォークは電荷を持っているから、電気的な力（光子の交換）で引き合ったり、反発したりしている。同時に、右に述べたように色を持っているから、色を通じても力が働く。グルオンというゲージ粒子をやりとりすることによって生ずる力で、これは強い力である。力の性質は、同じ色同士のクォークは反発し、反対色同士は引き合い、無色のものには力が働かない。色の力は、電気的な力に比べると、きわめて強い。しかも、二つのクォークの間に働く力は、たがいに物凄く接近すると（$\frac{1}{10^{14}}$cm以下）弱くなり、遠方にいくら離れても、力の強さは弱まらない。ちょうど絶対に切れないゴム紐で結ばれているようなもので、いわゆるグルオンの紐といわれるものである。加速器でどんな高速で衝突させても、クォークを取り出せないのは、この力のためであると考えられている。[22]

それに対する着想

以上が物質としての宇宙を支配している四つの力である。かなり詳しく述べてきたが、それは外でもない、これまで論究してきたようなわれわれの側との対応するものに、関心が寄せられはしないかという期待のためである。

先に、「医学的生命といのちとの和解」について論じたが、そこでホメオスタシスが脳神経から免疫系にまで延びてきた。しかしこの項目では、後に述べるように、人体を構成している分子、原子、原子核、陽子、中性子、クォークが、そのまま宇宙の起源の諸要素にかかわっていることが指摘されている。そうしてみるとホメオスタシスも、当然ながら免疫系から量子力学へと進むべき必然性が予想される。そういう視点から、以上の四つの力の論述のなかで、留意しておいてもよいと思われる箇所を抽出してみたい。

ここでは大胆に想像を逞（たくま）しうして当たらねばならない。なぜなら、いかに数学的合理性と観測の事実にもとづいて構築されている統一論であるとはいえ、なお未完であり、もしかすれば永久に未完であるかもしれない。それに対してわれわれの側の「いのちの訪れ」は、究極的目覚めに向かっている点では未完であり、即物的裏づけ（ここでは科学的裏づけ）を欲求している意味では途上であり、統一論と同様の状況である。しかも統一論では合理性と観測にもとづく確信に支配されているのに対して、われわれの側の全人格的実証はそれ自体明白である。現在時点における両者のこうしたきわめて類似した状況のなかで、将来の和解を求めていくためには率直大胆な掘り起こしが必要であろう。

まず重力である。これは、あらゆる粒子が力を受けている普遍的なものである。四つの力のなかでは極端に弱いが、量が重なれば大きな力となる。太陽と地球の間の引力を見ればば明らかである。その力とは、二つの物質粒子の間に働いている動力子であり、スピン2

の粒子である。動力子は、それ自身質量がなく、長距離にまで動く。

このように重力は、あらゆる粒子が力を受けている普遍的な引力であるとすれば、宇宙共同体の親和力といってよいであろう。宇宙におけるありとあらゆるものは、本来たがいに引き合っている親和的なものであるということができよう。

つぎは電磁気力である。電子やクォークのような電荷を帯びたものに働く力であり、動力子のような無電荷のものには働かない。二つの電子の間に働く電磁気力は、重力よりははるかに強く、1に0が42もつく倍数の力である。これは極小の領域に働いている力であり、マイナス電子とプラス陽子の間の引力である。この引力は、光子と呼ばれるスピン1の粒子の交換によっておこる。ちょうど重力によって地球が太陽のまわりを回っているように、この力によって電子が原子核のまわりを回っている、という。

これはきわめて興味ぶかい現象である。電子や陽子の極小の領域にものすごい力の働いていることが知られる。当然ながらわれわれの身体、ならびに身体のホメオスタシスにかかわってくる。プラスとプラス、マイナスとマイナスの電荷のあいだに働く斥力は、その力の、すごければすごいだけに、自は自、他は他の区別のきびしさを象徴しているといえよう。また、プラスとマイナスの電荷のあいだに働く引力は、これまたすごいだけに、親和力の強烈さを表わしていると考えられる。

自他の区別は、すでに述べた如くネアンデルタール人に現われているといわれる。しかしその芽生えは、はるか古い以前にまでさかのぼるであろう。なぜなら、他の動物から区別されるヒト本来の特徴として明らかにした根源的静態と根源的動態は、まさしくヒトに本来的なものとして、その芽ははるかに古いものとなるであろう。そしてこの芽が何百万年のあいだ培われてきて、ついにヒトに普遍的な「いのちの訪れ」、すなわち全人格的思惟の開発になったのである。

このように、自他の区別は、今日ではネアンデルタール人からわれわれの身体に受け継いでおり、脳神経系から免疫系にまで至っている。そしてそれは身体を構成している極小の領域にまで及ぶことは必然である。すなわち、プラスとプラス、マイナスとマイナスのあいだに働く斥力としての自他の区別のきびしさであり、プラスとマイナスの間の引力としての親和力の強烈さである。

つぎは弱い核力である。これは、スピン$\frac{1}{2}$のすべての粒子に作用する。この物質粒子は、パウリの排他原理に従う。その原理とは、同種の物質粒子は、同じ位置と速さを持ち得ないし、また同じ位置にとどまることができない、という。同じ位置と速さを持ち得ないということは、すべての物質粒子それぞれの、自は自、他は他という個性を象徴しているといえよう。また、同じ位置にとどまり得ないということは、その粒子が活き活きと生きているということの証拠であろう。さらにスピン粒子がそれ自身自転しているということは、動態であると同時に静態であるというヒトにとって根源的なるものを象徴しているともいえよう。しかも、この原理なしには今日の宇宙はあり得ないとまでいわれる。そうしてみると、右の予想はいよいよ確かなものとなってくる。

最後に強い核力である。これは、陽子と中性子のなかでクォークをまとめ、原子核のなかで陽子と中性子をまとめている。この力は、スピン1の粒子で、グルオンと呼ばれ、原子核を原子の中に閉じこめておくほどの強い力であり、電磁気力よりもはるかに強い。クォークには赤・緑・青の色があるが、それらが結合して無色になるくらいであり、いわゆるグルオンの紐といわれているものである。どんな高速の加速器でも、単独にはクォークを取り出せないほどの結合力である。

このようなスピン1の粒子の、強烈な結合力は、そのまま個体の確立を表わしているといえよう。ここでもまた、個体の確立によっていのちの発現が可能となるのである。また、クォークとクォークとがいくら離れても力が弱まらず、絶対に切れないゴム紐で結ばれているようなものであるといわれるのは、個体の確立であると同時に、クォークを一つの生命体と見れば、各生命体相互の親和力の強烈さを示しているともいうことができよう。

また、先の重力は、重力子（グラビトン）であるのに対して、この電磁気力は、光子

（フォトン）と呼ばれている。いったいこの光子（フォトン）とはどういうものであろうか。今日、中国の気功と協力して、光子（フォトン）が人体の生命力を測る実験の基礎単位となっているようであるが、もしそうだとすれば、光子は、生命力を表わすものであり、宇宙に普遍的ないのちである。そしていのちが光明・智慧を発現していると同様に、光子もまた光明・智慧を表わしているとみることができよう。

以上、統一論を構成する四つの力それぞれについて、われわれの側からの対応関係にあると思われるものを展望してきた。統一論は、ビッグバンにもビッグバン以前にも関係してくるものである。ビッグバンは、どうしてビッグバン以前にまでさかのぼらねばならないのであるか、ビッグバン以前とはどのような世界であるのか、この問題を次に考察してみよう。

ビレンケンの宇宙観

一九六五年から一九七〇年にかけて、ホーキングは、イギリスの数学者・物理学者であるロジャー・ペンローズと、一般相対論について共同研究を試みた。この研究によると、ブラックホールの中には無限大の密度と無限大の時空湾曲率を持つ特異点が存在するはずであるという。この特異点では、科学法則も、未来を予測する方法も破綻してしまう。すなわち物理学の終焉である。そしてついに一九七〇年、ホーキングとペンローズは、次の結論を最終的に証明したという。すなわち、もし一般相対論が正しいとすれば、そして宇宙が、現に観測しているのと同じ程度の量の物質を含んでいるとすれば、宇宙はビッグバン特異点から始まったはずであるというのである[23]。

しかし、その後、ホーキングやビレンケンは、一般相対論と量子力学を結合することによって、ビッグバンをさらにさかのぼってビッグバン以前の量子宇宙論を展開している。量子論によれば[24]、きわめて短い時間（10^{-44}秒）ときわめてせまい空間（10^{-34}㎝）のなかでは、時間・空間およびエネルギーは、一定の値をとることができず、つねにゆらいでいる、という。分子、原子、原子核、さらに物質の究極的な素粒子の世界にまで踏み分けていくと、あらゆる物理的状態は、絶えずゆらいでいる。いったい物はどこにあるのか、エネルギーはどのくらいあるのか、決めることができない、いわゆる不確定的である。

真空では、電子と陽電子、陽子と反陽子、いいかえれば、物質と反物質とが、先に述べたようなきわめて早い速度で、生まれたり消えたりしている。ここでは、極端に微小なブラックホールやワームホールが瞬間的に生成・消滅を繰りかえしており、時間・空間そのものが激しくゆらいでいる。このような状況は、物理量としては完全にゼロではないが、物理学的には無の状態という外はない。

こうした量子論的空間を宇宙の始まりに適用すればどうなるのであろうか。これについて説を唱えたのがビレンケンやホーキングである。

まず、ウクライナ出身のアメリカの物理学者アレキサンダー・ビレンケンは、宇宙は「無」から始まっていると主張している。[25] いったいビレンケンのいう「無」とはどういうものであろうか。アインシュタインの相対論によれば、宇宙とは、時間・空間を合わせた時空多様体と、その中のあらゆる物質であるのに対して、ビレンケンの「無」とは、宇宙のない状態であり、したがって物質がないばかりでなく、時間・空間も存在しないということである。

前に述べた如く、量子論的には宇宙そのものが激しいゆらぎによって生じたり滅したりしている。それは一定の価を持ち得ないから、状態としては無という外はない。その「無」が、ビレンケンによれば、「トンネル効果」によって、ある確率でとび出し、一定の価を持った宇宙として現われてくる。「トンネル効果」とは、量子力学的には粒子は波の性質を持っているから、エネルギー的には越えられないはずの領域を、あたかもトンネルを掘って進むように、山の向こう側へ現われることができることをいう。そしてその宇宙が、陽子と反陽子、電子と陽電子との対消滅（ついしょうめつ）をおこして、消えたり生まれたりしてはげしく繰りかえしている。つまり、現在の宇宙における素粒子の状態から宇宙の始まりを想定したのである。

ビレンケンは、「トンネル効果」によって宇宙が現われてくる、そのプロセスを明らかにしている。まず、最初の宇宙として無数の「親宇宙」（マザー・ユニバース）が生まれ、その「親宇宙」から「子宇宙」（チャイルド・ユニバース）、さらにそれから、「孫宇宙」「曾孫宇宙」というように、無数の宇宙が際限なく生まれていく。そして、その無数の宇宙の一つが成長進化してわれわれの宇宙となったのである。

最初に「親宇宙」が生まれたとき、その大きさは10^{-34}cm（プランクサイズ）程度の閉じた宇宙であり、それが創成と同時に内部エネルギー（真空のエネルギー）によってインフレーションをおこし、何百桁も拡張して大宇宙となっている。その際、宇宙のあちこちで相転移がおこり、湯が沸騰したときのようなボコボコ状態のなかから「子宇宙」が生まれ、次々に無数の宇宙が生まれてくる。この相転移のプロセスのなかで宇宙のエネルギーは一挙に開放され、相転移後の宇宙は、開放されたエネルギーで「火の玉」となる。この瞬間が相対論的宇宙論でいうところのビッグバンに外ならない[26]。

では、相転移とはどういうことであろうか。佐藤勝彦教授によれば[27]、相転移とは、物理学的には「エネルギーの高い状態から低い状態へ落ちていく現象」であるという。たとえていえば、水が氷になるようなもので、氷は水よりもエネルギーの状態が低い。同様のことが宇宙の相転移でおこっている。

相転移がおこると、ものすごいインフレーションによって宇宙は膨張する。そしてボコボコ状態のなかで、エネルギーの高い領域から、あたかもキノコが生える（は）ように、新しい宇宙が生まれる。「元の宇宙」と「新しい宇宙」をつなぐ括れた（くび）部分を相対論では「アインシュタイン・ローゼンの橋」と名づけている。それがすなわちワームホール（虫食い穴）である。

ワームホールは、ブラックホールと同じように「事象の地平」であり、一度そこへ入ると再び脱出することができない。「新しい宇宙」は「元の宇宙」とワームホールでつながってはいるが、「事象の地平」で完全に隔てられているから、相互の情報もコミュニケーションもまったくない。因果関係は完全に遮断されている。このようにして、たがいにまったく関係のない無数の宇宙が生まれているのである。

ところでビレンケンは、宇宙創成について宇宙のポテンシャル・エネルギーに言及している。[28] たとえば、ボールは高い所にあるというだけで、ポテンシャル・エネルギーを持っており、低い方へ落ちようとする傾向がある。同様のことが宇宙でもおこっていると考える。生まれたばかりのエネルギーの高い状態の宇宙は、エネルギーの低い状態へ落ちようとしてインフレーションをおこす。その際、膨張の運動エネルギーが大きくなるほど、いいかえれば、半径が大きくなるほど、宇宙のポテンシャル・エネルギーは低くなる。そして結局は、宇宙の全エネルギー、いいかえれば、膨張の運動エネルギーとポテンシャル・エネルギーの合計はゼロと考えられる。

ところで、相対論と量子論を結合して考察してみると、あたかも半導体のなかで起こっているように、ゼロ宇宙はもともとゼロ点振動している状態から、エネルギーの山に滲透して、突然形のある宇宙として出現する。ここでビレンケンのいう「無」とは、ゼロ宇宙、すなわち宇宙の大きさがゼロということになる。では、宇宙を満たしている「真空のエネルギー」はどうなるのか。真空のエネルギー密度は、宇宙の大きさにかかわりなく、常に一定している。すなわち、「真空のエネルギー密度」と「宇宙の大きさ」を掛けたものが「真空の全エネルギー」である。それゆえにゼロ宇宙では、「真空の全エネルギー」もゼロになってしまう。

つまり、「無」とは、時間、空間、物質、エネルギーなど、まったく何もない状態であり、「真空の全エネルギー」がゼロということである。それはあたかも、現在の宇宙空間で、極小のブラックホールやワームホールが生成と消滅を繰りかえしているように、ゼロ宇宙もまた、生成と消滅とが激しくゆらいでいる。そのゆらぎが「トンネル効果」のプロセスを経て、突然形のある宇宙として出現し、それがインフレーションで大きくなり、相転移をおこして熱エネルギーに変わり、熱い火の玉のビッグバンとなる、というのである。

その対応関係

以上は、ビレンケンの宇宙創成に関する佐藤教授の紹介を下敷きにしながら、しかもわれわれの側との対応関係を念頭において要約したものである。この要約の私の心象に映るイメージに、すでに無理解と誤解とが綯い交ぜに混入していると思う。それにもかかわらず、両者の対応関係に関心を持たないわけにはいかない。いま右の要約の中から、対応すべきものを項目だけ挙げてみよう。

ビレンケンのいう「無」とは、宇宙創成にも現在の宇宙にも共通なものである。その「無」は、極小の時間・空間において物質と反物質とが生滅してはげしくゆらいでおり、時間・空間そのものがゆらいでいる。それは、物理量としては完全にゼロではないが、物理学的には無という外はない、という。このように、宇宙の始まりから現在の宇宙までも通貫している「無」は、われわれの側のいかなるものと対応するのであろうか。

宇宙は「無」から始まって、親宇宙、子宇宙、孫宇宙、曾孫宇宙と、無数の宇宙が際限なく生まれ、われわれの宇宙はその中の一つにすぎない。しかも相互に情報もコミュニケーションもなく、たがいに無関係の無数の宇宙である、という。このことは、仏教でいう三千大千世界や、諸天、すなわち、四王天・三十三天・夜摩天・兜率天・化楽天・他化自在天の六欲天、梵衆天・梵輔天・大梵天の第一静慮、少光天・無量光天・極光浄天の第二静慮、少浄天・無量浄天・遍浄天の第三静慮、無雲天・福生天・広果天・無煩天・無熱天・善現天・善見天・色究竟天の第四静慮など、その他仏教におけるもろもろの世界ときわめて酷似している。しかしこれは、仏教に限ってのことであるから、これだけにとどめておく。

「無」から始まった、10^{-34}cmという極小の宇宙は、インフレーションをおこし、何百桁も拡張して大宇宙となる。そのとき、相転移がおこり、宇宙のエネルギーは一挙に開放されて熱エネルギーとなり、火の玉のビッグバンとなる、という。この火の玉のビッグバンは、われわれの側からはいかに考えられるものであろうか。

「無」とは、ゼロ宇宙であり、宇宙の大きさがゼロということである。したがって真空の全エネルギーもゼロである。それにもかかわらず、エネルギーの高い状態の宇宙としてポテンシャル・エネルギーを持っている、という。この点が私にはよく理解できないところであるが、しかし、ポテンシャル・エネルギーというのはきわめて魅力的である。これはいったいわれわれの側ではどう対応すべきものであろうか。

こうした、以上の諸点についてあとで考察してみたいと思う。

ホーキングの宇宙観

つぎに、ケンブリッジ大学教授のスティーヴン・ホーキングの宇宙観を考察してみよう。その宇宙観は、ビレンケンの「トンネル効果」という如き直観的考察とは異なり、宇宙の波動関数を正しく計算することによって、宇宙の創成、インフレーション、ビッグバン、膨張、収縮、消滅に至るまでのすべてを量子論的に処理して、宇宙の創成と進化を調べている。その結果、現在のところ、もっとも確率の高い宇宙創成のシナリオは、ビレンケンのものと一致していることを示している。

ところで、相対論によれば、宇宙の大きさがゼロのとき、そのポテンシャル・エネルギーは無限大に発散して、無限大の運動エネルギーによって膨張を始める。その瞬間がすなわちビッグバンであり、数学的には特異点という。しかし特異点を認めると、物理学は不可能となるから、ホーキングは、宇宙創成を論ずるには、特異点のない所から宇宙は始まらなければならないと考えた。それを標語に表せば、

「境界のないということが境界条件である[30]」

といっている。

これはどういうことかというと、重力の量子論によって開かれた新しい可能性では、時間・空間は境界を持つ必要がない、いいかえれば、特異点という柵が設けられないから、

科学法則は破綻することもない。宇宙は完全に自己完結しており、その外部のなにものにも影響を受けない。宇宙は創造もされず、破壊もされず、ただひたすら存在する、というのである。[31]

たとえば、地球の表面を宇宙に照合して考えるとよい。宇宙には北極で単一の点として出発する。南下するにつれて、赤道で最大の膨張に達し、次第に収縮して南極でゼロとなる。北極と南極は、時間の始まりと終わりではあるが、球面上の一点であるから、他の点と同じように特異点ではない。いいかえれば、球面上のいかなる点も、始まりも終わりも中心もない、つまり境界がないということができる。

しかしながら、ここで留意すべきことは、これは実数の時間ではなく、虚数の時間のことということである。もし実数の時間であれば、宇宙は一五〇億年前に極小の大きさからインフレーションをおこして最大に膨張し、やがて収縮して、ついには特異点と思われるものに崩壊してしまうにちがいない。したがって、どこにも特異点がなく境界がないということは、虚数の時間に限ってのことである、という。[32]

実数は、$2 \times 2 = 4$、$-2 \times -2 = 4$というように、正の価になるが、虚数は、iという記号を基本単位としており、$i \times i = -1$, $6i \times 6i = -36$とあるように、二乗すると負の値になる。それゆえに実際には存在しない数であり、英語ではimaginary number

（想像上の数）という。[33]

重力と量子力学を統一するためには、虚数時間の考えを導入しなければならない。それはどういうことかというと、空間では、北に進むこともできれば、南に向かうこともできるように、虚数時間と空間とは区別することができない。虚数時間は、前向きに行くこともできるし、後ろ向きに進むこともできる。実数時間では、前向きと後ろ向きの方向の間には大きな違いがあり、過去は記憶しているのに、未来を思い出すことはできない。しかし虚数時間の前向きと後ろ向きの方向の間には、重大な差違はない。

虚数時間では、過去が未来であり、未来が過去であり、同時にそれが現在であって、どこにも境界がない。そのとき宇宙は自己完結的であり、それ自体ひたすら存在するのみである。そしてそれに準拠して科学法則もまた、未来もなく、過去もなく、無境界であるということができる。このように見てくると、虚数時間が本当は実数時間であって、われわれが実数時間と呼んでいるものは、われわれの想像が構成したものにすぎないかもしれない。虚数時間では、特異点や、あるいは境界がないとすれば、虚数時間の方がより基本的であり、いわゆる実数時間は、われわれが考えている宇宙像を記述する便宜上、考察された観念にすぎないのかもしれない。科学理論はもともと、観測を記述するための数学的モデルに外ならず、われわれの精神の中にしか存在しないものである、という。[34]

その対応関係

以上、ホーキングについてわれわれの側から対応すべきものをまとめてみたのである。その著書『ホーキング、宇宙を語る』には、根本的な多くの諸問題が、力をこめて目眩く説かれており、強くひきつけるものを感ずるが、その背景の無理解のために十分に拾いあげることができなかった。それに、これまで述べてきたものとホーキングの論説は重なり合っているために、それらを除いてみると、わずかに右に挙げたものにとどまる。

ここで注目されるのは、実数に対する虚数である。実数は有理数、無理数など、そのイメージを心に思い浮かべることができる。しかし、自乗すればマイナスになるという虚数は、どうしても思い浮かべることができない。虚数を英語では「想像上（あるいは仮想上）の数」、imaginary number というが、想像も仮想も私には不可能である。まして虚数時間とは、どのような時間であるか、皆目見当がつかない。

ところで佐藤教授は、このホーキングの虚数時間を、ビレンケンの宇宙創成モデルに対応して説明している[35]。それによると、ビレンケンのいう「真空のエネルギー」で満たされている円いゼロ宇宙が、ポテンシャル・エネルギーの山をしみ出すように進んでいる（「トンネル効果」による）状態が、ホーキングのいう虚数時間の進行していることに対応している。つまり、ビレンケンのゼロ宇宙が、ホーキングの「宇宙の始まり」である。それをホーキングの「地球の表面」でいえば、北極に当たり、それが虚数時間のなかで宇宙が膨張し、やがてビレンケンのいう、ポテンシャル・エネルギーの山をとおって、初めて形ある宇宙となって膨張を始める（すなわちビッグバン）ときから実数時間になる、という。

このような対応関係の説明によって、私にも虚数時間へのかかわりがやや道造りができたように思われる。つまり虚数時間の経過とは、ビレンケンのいうゼロ宇宙の膨張であり、ポテンシャル・エネルギーの山を滲透していく過程である。いいかえれば宇宙創成の時間であるということができる。そしてそれはビレンケンでは、極小の時間・空間の中での激しい迅速なゆらぎであり、そしてそれがそのまま、現在の宇宙空間につながっている。ここから、われわれの側との対応関係が急速に進展してくるのである。なぜなら、われわれは現在の空間のなかでいのちそのものを体得的に呼吸することができるからである。そのことは、ホーキングの虚数時間の説明から、直ちにそれは接合することができる。

これについては、後に改めてビレンケンとともに考察してみよう。

和解を目指して

①究極の根基としての対応関係㈠——ホーキング

最後に、科学的宇宙観（ビッグバンも含めたビッグバン以前の宇宙観）と「いのちの側」

との和解を目指して、両者の対応すべきものを考察し、まとめてみたいと思う。これまでも各項目についてそれぞれの対応関係を述べてきたが、改めて整理してみよう。

まず、対応関係の究極の根基となるものは、科学の側からいえば、宇宙を支配している四つの力を統一しているところの「一つの力」である。この理論は未完成であるが、近い将来に統一されることが予告されている。それは、現在のところはおそらく、ビレンケンのいう「無」であり、ホーキングの主張する「境界なき境界条件」であるにちがいない。

ホーキングのいう「境界なき境界条件」とは、宇宙は始まりも、終わりも、中心もない、つまりどこにも境界がないということであった。それゆえに宇宙は、創造もされず、破壊もされず、ただひたすら存在するのみというのである。そして虚数時間の考えを導入して、前向きがそのまま後ろ向きであり、過去がすなわち現在、現在がすなわち未来であり、虚数時間の方が実数時間よりいっそう基本的であるという。

ホーキングのいう、このような根源的世界は、「いのちの側」においてみれば、いのちが人格体に顕わになった際の状況とまったく同質であるということができる。すなわちホーキングは、虚数時間では、始めもなく、終わりもなく、中心もない、つまり境界がない、という。前向きが同時に後ろ向きであり、過去が未来であり、未来が過去であり、そしてそのままが現在である。それゆえに、宇宙は創造もされず、破壊もされず、ひたすら存在するのみである、というのである。

このことは、舞台裏のいのちがわれわれ自身の全人格体に顕わになった場合の自覚態そのままであるということができよう。

いのちが人格体に顕わになったときに、自覚態としてどういう変化がおこるであろうか。まずはじめに気づかれることは、顕わになる以前の人格体が、いかに底深い我執に束縛されていたかということである。顕わになる以前の人格体ではそのことは全くといってよいほど意識していなかった。時折り、自己性を意識し、あるいは我執に悩むことはあっても、それは取るに足らぬくらいの、ごく表相的なものにすぎず、底なき我執はかつて反省されたことはない。

それに反して、いのちが顕わになってくると、その途端に、我執に捕われていたことが気づかれると同時に、それが跡形もなく吹き払われるのである。全人格的思惟が未熟なときは、いのちの顕現が爆発的におこり、全体が動転して反省の余地はないが、思惟が次第に慣熟してくると、顕現は静かにおこり、みずからの自覚態を冷静に反省・観察することができる。それによると、入定していのちが顕わになると、底なき我執に気づくことと同時なる、我執の根絶・払拭の状況が、静かにしばらく持続する。やがて我執はまったく消えて、人格体はただひたすらいのちのみに充足されるものとなる。

そのとき反省・観察されることは、いのちの顕わになる以前は、底なき我執を基本において行動し、思考していたということである。思惟（当然ながら対象的思惟）も、それにもとづく理論構成も、対人的社会的行動も、環境のなかの個人的生きざまも、すべてそこにもとづいていたということである。しかしその際には、まったくそのことを意識していなかった。それが全人格的思惟においていのちが顕わになってくると、初めて底なき我執が消えるとともに、その我執こそ、これまでの一切の生態の始まりであったことが知られる。それと同時に、全生態の根源の扉が開いて、まったく境目のない世界に一変するのである。

これまでは、過去から現在へ、現在から未来へと経過していくものこそ時間であると決定していたものが（実はただ観念上のことであり、心の中の操作にすぎなかった）、ここでは過去・現在・未来の区別がなくなり、過去はそのまま現在であり、現在がそのまま未来であり、やがてそのことも消えて、時間とは、激しく躍動している、永遠に変わることなきいのちそのものであるということになる。それは、ありとあらゆるものを包括した、大宇宙一杯の、それより漏れるものも、食みだすものもない、情報もコミュニケーションも、心的・物的一切の形あるものがことごとく吸収され、溶解し尽くしている。もとより、万物一様の平坦なものではなく、根源的動態と根源的静態とが合一しており、動即静、静即動、生命奔騰のままが凝然碧潭であり、平静湛然がすなわち渾然躍動である。創造も被造もなく、ただ動くのみ、ひたすら在るのみである。

このように見てくると、ホーキングのいう虚数時間といかに酷似しているかが知られるであろう。かれが指摘するように、虚数時間の方がより基本的であり、本当は虚数時間が実数時間であり、いわゆる実数時間は観念的に構成されたものにすぎないという。それと同様に、舞台裏のいのちが表舞台に顕現して初めて、われわれ自身が自覚態となって認知され得るところの、本来表裏一体の全一なるものが基本的であり、目前のもっとも現実なるものとして確信していたものが、かえって夢の如く、幻の如き、はかなきものとなって、たがいにその居所が交替するであろう。

ただ両者の画然と異なる所は、対象的思惟と全人格的思惟の、相互に拒否し合う立場であることはいうまでもない。

②究極の根基としての対応関係(二)——ビレンケン

ビレンケンについては、先に「ビレンケンの宇宙観」ならびに「その対応関係」において論述した。その際、三つの設問を立てた。すなわち、ビレンケンのいうところの「無」、ビッグバン、およびポテンシャル・エネルギーは、「いのちの側」において見ればいかなるものと対応するか、という問いである。順次に考察してみよう。

まず「無」である。それは現実の世界において見れば、10^{-44}秒、10^{-34}㎝という極小の時間・

空間で生成・消滅がはげしく繰りかえされているゆらぎであるということができる。それは物理量としてはゼロではないが、物理学的には「無」というほかはない。物質がないばかりでなく、時空そのものが存在しないという。したがって、「はげしいゆらぎ」といっても、時空として現われているものではない。このゆらぎは、宇宙創成から現在の宇宙まで通貫しているものである。

これを「いのちの側」において考えてみると、それは、まだ人格体に顕わになっていないいのちそのものに対応しているということができよう。いのちは人格体に顕わになって初めて、その人格体にとって現実的なものとなる。しかもいのちは、いかなる人格体にとっても、いつでも、どこでも顕わになる可能性を持っている。いいかえれば、それは非現実的な可能態として、宇宙創成より現在まで通貫しているものであるということができよう。しかしながら、ここで慎重に留意しておくべきことは、いのちそのものはけっして抽象的観念ではないということである。それが可能態として（現実に現われていない秘されたものとして）真に生きているものであるとすれば、必ずやそれは、個体的にして共同体的なる業熟体（その底なき底は無明の黒闇に落ちこんでいる）を内に包んでいるものであるにちがいない。

つぎにビッグバンである。ビレンケンによれば、ゼロ宇宙がポテンシャル・エネルギーの山を滲透して、初めて形ある宇宙として現われ（その大きさは10^{-54}㎝）、インフレーションで何百桁も拡大した宇宙は相転移をおこし、真空のエネルギーは熱エネルギーに変わって、火の玉のビッグバンとなる、というのである。

私はかつてビッグバンを、仏教の成・住・壊・空の四劫の成劫の始まりに模したことがある[36]。すなわち、空々漠々たる大虚空に一陣の風 vāyu が吹き流れる、それが宇宙生成の始まりである。その最初の一陣の風をビッグバンに対応させたのである。

キリスト教ではいかがであろうか。『旧約聖書』「創世記」第一章の冒頭に、

「はじめに神は天と地を創造された。地は形なく、むなしく、やみが淵のおもてにあり、神の霊が水のおもてをおおっていた。

神は、光あれ、といわれた。すると光があった。神はその光を見て、良しとされた。神はその光とやみとを分けられた。神は光を昼と名づけ、やみを夜と名づけられた。夕となり、また朝となった。第一日である[37]」

とある。

このように『旧約聖書』では、神による天地創造が宇宙創成に相当する。ここで留意しておくべきことがある。ホーキングは、神の助けを借りない宇宙創成を模索した。ビッグバンもまた、神の一撃によって始まるから、ビッグバン以前の宇宙を明らかにしようとい

うのである。

しかし、『旧約』における神の天地創造は神話である。宇宙創成の神話は、インドにも中国にもギリシアにも、そして日本にも伝えられている。問題はそれぞれの神話をどう解釈しどう理解するかということである。キリストは『新約』において、神による創造の神話についてまったく触れていない。キリストの中心的な営みは、自分のなかに生き生きと活動している神のいのちを人々に伝えることだけである。しかるに、後のキリスト教は、神話を固定化して、神の世界創造を教理の中心主題とした。そのために、西洋の科学者はただその固定観念から脱却しようとしているにすぎない。ホーキングは神の支えから離れようとして、ビッグバン以前にまでさかのぼるが、それでもなお神のすがたがホーキングの心に浮かんでくる。かれは固定観念の神から抜け出すことができない。この議論を続けていると長くなるので、これでとどめておく。

また、『老子』では、

「無名は天地の始にして、有名は万物の母なり。故に常に無欲もってその妙を観、常に有欲以てその儌を観る。此の両者、同じく出でて、而も名を異にす。同じく之を玄と謂う。玄の又玄、衆妙の門なり[38]」

ここでは、無名・有名が天地万物の始まりとなっている。

ただ異なるところは、科学的宇宙観は、物質のみを究明していくことに基づいており、東洋の天地創造は人生観と一体になっている点である。しかしながら、今や科学自体が急速に変化しつつある。ホーキングは、人間論も組み入れて宇宙観を展開しようと努めているし、また後に論ずるように、素粒子はもはや単なる物質ではなく、生命的に見ようという科学者の考えも現われている。そういう状況のなかで、将来の和解を目指し、東洋の世界観・宇宙観が科学と同列的に議論に参加し協力していくことが要請されるであろう。

さて最後に、ポテンシャル・エネルギーである。前にも触れたように、ゼロ宇宙が「トンネル効果」によってポテンシャル・エネルギーの山をしみとおって、突然、価を持った宇宙として現われるというのであるが、そのポテンシャル・エネルギーとは何か、ということが、科学的には私にとってなかなか理解しがたい。

しかし、対応関係を考えてみると、他の領域では思い当たらないが、仏教の場合には、先に述べた成・住・壊・空の四劫に関してである。この四劫は、成劫に始まって空劫に終わるが、それぞれの劫が途方もない長い時間を持った、宇宙の生成・消滅の過程を表わしている。最後には空劫となり、長い時間かかってついに宇宙は壊滅し、次の新しい宇宙が生ずる。その始まりがすなわち一陣の風（ビッグバンに相当する）というのである。

では、その一陣の風はどこから生じてくるのであるか。ここでもまた、科学的宇宙観に

おけるビッグバン以前の状況を尋ねようとする、同じ問題意識が生じている。それによると、

「**衆生の業の増上力によって**、sattvānām karmādhipatyena もろもろの器世界の前兆が生じ、虚空に微細の風が次第に吹き流れる[39]」

という。

すなわち一陣の風は、「衆生の業の増上力（ぞうじょうりき）」に依るという。「衆生の業の増上力」というのは、「生きとし生けるものの業の強大な力」という意味である。ところで、現在の宇宙が壊滅して、つぎに新しく生まれる宇宙は、まったく別の宇宙である。今日的にいえば、両者の間には情報もコミュニケーションもなく、因果関係はない。それにもかかわらず、両者の間は、「衆生の業の増上力」によってつながっている。それはあたかも、相互に因果関係のない「親宇宙」と「子宇宙」とがワームホール（アインシュタイン・ローゼンの橋）によってつながっているが如きものである。

この「業の増上力」というのは、おそらく仏教でいう「無表業（むひょうごう）」に類する如きものにちがいない。「無表業」とは形に現われない潜勢力、いいかえればポテンシャル・エネルギーである。この「無表業」すなわちポテンシャル・エネルギーは、たがいに無関係の宇宙と宇宙とをつないでいるだけではなく、現在のありとあらゆる形あるものはすべて、

「無表業」によって造られたものであるといってよい。なぜなら、無限の過去からのありとあらゆる営み（すなわち業）は、ことごとく潜勢力（無表業）となって残存し、しかもつねにその潜勢力からすべての形ある営みが生まれ出てくるからである。

そうしてみると、現実のいま、ここに、潜勢力、すなわち無表業、さらにいいかえればポテンシャル・エネルギーが働いているということができる。それは物理学的にいえば、極小の時間・空間のなかの迅速にして激しい生成・消滅のゆらぎであるということができよう。

かくしてビレンケンのポテンシャル・エネルギーは、仏教においてみれば、宇宙と宇宙をつなぐ「衆生の業の増上力」に対応するとともに、現実世界の営みの根拠としての無表業にも対応しているといい得よう。

③四つの力との対応関係

つぎに、宇宙を支配している四つの力と「いのちの側」との対応関係を考えてみよう。四つの力の統一理論は完成していないが、統一する力の予想されるものとして、ビッグバン以前の世界を捕え、これの対応関係はすでに述べたとおりである。同時に統一理論を構成している四つの力もまた、対応関係を考察する上に貴重な示唆を与えてくれる。この関係を明らかにしていくために、それに先立ってまず「いのちの側」の基本立場を想いおこ

してみよう。それを一語で示すならば、

「舞台裏の形なきいのちが表舞台に訪れるとき、形なきいのちは、個体的にして共同体的なる業熟体（その底なき底は無智の黒闇におちている）に顕わになり、滲透し、通徹しつづける。そしてついに表裏一体となる」

ということになろう。

そこで四つの力におけるそれぞれの諸問題との交流を図るについて、右の句にコメントを付けておきたいと思う。

形なきいのちが業熟体に顕わになるとき、個体における個性（いいかえれば主体性）の確立が不可欠である。主体性が確立して初めて、いのちが顕わになり、個性の根源的な扉が開かれてくる。その確立なしにいのちが顕わになるということはあり得ない。いかにオカルト的なものが深まっても、目覚めとは無関係である[40]。

これに対して共同体では、個体間相互の親和力が働いている。相互の親和力によって共同体は成り立っている。もし個性の確立のみに偏すると、自他の区別がきびしくなり、共同体の親和を阻害することになる。業熟体は、個体的にして共同体的なものだからである。

ところで業熟体は、底なき黒闇の淵におちている。個体も共同体も、意識・無意識を超える底なき我執に根ざしている。我執も無智も同じく底なき黒闇におちこんでいる。生きとし生けるものの、今日に至るまでの、葛藤、闘争、あらゆる苦悩は、ことごとく業熟体にかかわり、業熟体に発出している。

以上の如きコメントを念頭において四つの力それぞれの諸問題を考えてみよう。一つの力から分かれてきた順序に従うのが便宜であろう。「重力」「強い核力」「電磁気力」と「弱い核力」である。この分派は、ビッグバン以後、三回の相転移によって、きわめて迅速な時間と超高度の熱のなかでおこっている。第一回の相転移（10^{-44}秒、10^{32}度k）によって、「一つの力」から「重力」が分かれ、第二回の相転移（10^{-36}秒、10^{28}度k）で「強い核力」が分かれ、第三回の相転移（10^{-11}秒、10^{15}度k）で「電磁気力」と「弱い核力」が分かれている。[41]これはわれわれの想像を超える極小の時間と超高温度である。それだけに四つの力のそれぞれの特徴が鮮明に現われているといえよう。[42]

まず重力である。これはあらゆる粒子がその力を受けており、もっとも普遍的なものである。二つの物質粒子の間に働いている力は、スピン2粒子の重力子である。極端に力は弱いが、質量がなくて遠距離まで届く。したがって多量に集まると大きな力となる。地球が太陽を回っているが如くである。

これは、質量を待たずに遠距離まで届き、しかもあらゆる粒子がその力を受けているもっとも普遍的なものという意味で、宇宙共同体の根源的な親和力を意味しているであろう。

つぎに「強い核力」である。これは、陽子と中性子のなかでクォークをまとめ、原子核のなかで陽子と中性子をまとめている。スピン1の粒子でグルオンと呼ばれ、原子核を原子のなかに閉じこめているもっとも強い力である。いかに強力な加速器で衝突させてもクォークが取り出せないのはこのためであるといわれている。クォークには、赤、緑、青の三色があるが、同じ色同士のクォークは反発し、異なった色同士のクォークは引き合うといわれる。

この強力な力は、個体における個性の確立を表わしているとともに、その反面、想像を絶するほどの我執の深さを示しているといえよう。また、同じ色同士のクォークが反発するというのは個性的であり、反対の色同士のクォークが引き合うというのは親和的であるといえよう。

つぎに「電磁気力」である。二つの電子のあいだに働く電磁気力は、重力よりはるかに強く、1にゼロが42もつく倍乗ほどの力といわれている。プラスとプラス、マイナスとマイナスの間には斥力が働き、プラスとマイナスの間には引力が働く。この引力によって、あたかも地球が太陽を回るが如くに、電子が原子核のまわりを回っている。この引力はスピン1の光子である。

斥力は自他の区別のきびしさを表わしており、したがってそれだけに個性の確立を意味していよう。同時にその反面には我執の深さによって裏打ちされているといえよう。また、引力はスピン1の光子といわれているが、光子（フォトン）は、生命力を測定する単位として実験が試みられており、光子はいのちの反映といえるかもしれない。

光子はもともと重さがゼロで、その力は無限の遠くまで届く。しかし、力を媒介する素粒子が重さを持ってくると、そうはならない。光子がどれほど遠くまで届くかは、素粒子の重さによって決まる。重い素粒子を交換する場合には、光子は非常に短い距離しか届かない。超伝導物質のなかで電磁気力が狭い範囲に閉じこめられたということは、電磁気力が狭い範囲にしか届かなかったということであり、いいかえれば、光子がそこでは重さを持ったことになる、という[43]。

これはきわめて象徴的である。光子はもともとどこでも自由にとび回れるものであった。それがある物質のなかでは、その力が阻害され、自由を失うことになる。これは、普遍的、遍満的ないのちが、業熟体のなかでは自由に発現できにくくなることを表わしているといえよう。

終わりに「弱い核力」である。これは、スピン1/2のすべての粒子には作用するが、光子・重力子（スピン0、1、2）には作用しない。物質粒子はパウリの排他原理に従っている。すなわち、同種の粒子は、ある限界内で同じ位置と速さを持ち得ないというものである。物質粒子が同じ位置にあるとすれば、それぞれ異なった速度を持っており、同じ位置に長くとどまることができない。この排他原理なしには、クォークは、別々の陽子や中性子を作らなかったであろうし、原子はすべて崩壊して、一様の高密度のスープ状態になったであろうとまでいわれている。

　これは驚くべき想定である。この粒子なしには今日の宇宙はあり得ないといわれている。どうしてそういうことがいえるのであろうか。おそらくつぎの点に関わっていると思われる。同種の物質粒子は、同じ位置と速さを持ち得ないし、同じ位置にとどまることができないという。これは、すべての物質粒子が、自他の区別をして個性の確立を象徴しているといえよう。もとよりその反面には、我執の深さを表わしている。また、同じ位置にとどまり得ないということは、その粒子が活き活きと生きていることの証拠であろう。

　また、これまでスピン$\frac{1}{2}$、0、1、2などが登場してきた。スピン$\frac{1}{2}$などというのは、それぞれの粒子に固有な回転のことである。つまりスピン粒子はそれぞれ、それ自身自転しているのである。このことは、動態であると同時に静態であるというヒトの根源的なものを象徴しているといえるかもしれない。

　以上、四つの力のいちいちについて、「いのちの側」からの対応関係をまとめてみたのである。宇宙を支配する物質的な四つの力に対応して、「いのちの側」から、あまりにも飛躍して生命的に見ており、大胆に過ぎると思われるかもしれない。しかし実情は必ずしもそうではない。

その一つには、すでに科学者の間にも、F・ホイルやフリーマン・ダイソン（プリンストン高級研究所教授）のように、ガス状の生命、すなわち電子と陽電子による生命体もあり得るという議論を展開している[44]し、ホーキングもまた、人間論を組みこんで統一論を展望している。

その二つには、すでに述べてきたように、ホメオスタシスは、脳神経系から免疫系まで延びてきた。「脳は免疫系を拒絶できないが、免疫系は脳を異物として拒絶する[45]」という一言はきわめて象徴的である。その身体が今や、原子からできており、原子は原子核と電子で構成され、原子核は陽子と中性子であり、さらに陽子や中性子を強力に結合している素粒子はクォークである。そして極速・極小の時空としてはげしくゆらいでおり、そのゆらぎはそのまま宇宙創成につながっている。

われわれは「いのちの側」に立って、形なきいのちがこの全人格体に顕わになり、滲透し、通徹しつづけるとき、全人格体はそのまま宇宙そのものを通貫するいのちに充足されていることを確知している。「いのちの側」と「科学の側」とが、たがいに安んじて相手を承認し合う時節の到来しないということが、どうしてあり得ようか。いずれも四〇〇万年来のヒトの営みに直接かかわっている要事だからである。悠々、期して努むべきである。

冥海のまなかにうかぶ
　大宝珠
おろがむごとに
　いよよかがやく

註

（1）平凡社、『世界大百科事典』に依る。
（2）時実利彦「脳のはたらき」一〇六頁（『物質・生命・宇宙』Ⅱ、一九六九年、共立出版）。
（3）同、一〇二頁。
（4）同、一〇五―一〇六頁。
（5）カール・セーガン『COSMOS』下、二一二―二一四頁（木村繁訳、一九八〇年、朝日新聞社）。
（6）「R領域」とは、爬虫類（Reptiles）の意味で、マクリーンは、爬虫類複合体、また、R複合体とも呼んでいる（カール・セーガン『エデンの恐竜――知能の源流をたずねて』六〇頁、長野敬訳、一九七八年、秀潤社）。この間の事情について大木幸介教授の教示を得た。

（7）今堀和友「老化はどこまで遅らせられるか」二七八―二八一頁（『中央公論』一九九〇年六月）。

（8）マサチューセッツ工科大学教授利根川進氏は一九九一年四月五日、日本医学会総会で次のように講演している（一九九一年四月八日付、朝日新聞夕刊による）。

「高等生物が体を守る免疫機構の主役は、リンパ球B細胞がつくる抗体とリンパ球T細胞である。研究の焦点の一つは、ウィルスが感染した細胞と結びつくT細胞表面の受容体の機能である。受容体はそうした細胞を見分けるアンテナの役を果たしている。

T細胞には、受容体が二つの鎖αとβで出来ている$\alpha\beta$T細胞と、γとσで出来ている$\gamma\sigma$T細胞の二種類がある。この二種類は同じ細胞から分化したもので、γ鎖が出来るのを妨げる遺伝子（γサイレンサー）が働けば$\gamma\beta$T細胞となり、遺伝子が働かなければ、$\gamma\sigma$T細胞となると見られる。

さらに、$\alpha\beta$T細胞では自分の組織を攻撃してT細胞を取り除く「負の選択」と、自分の組織と親和性が高く、共存できるT細胞を増やす「正の選択」が働いているが、$\gamma\beta$T細胞にもそれと似た二方向の選択の働いていることが確かめられた」

また、多田富雄・河合隼雄編『生と死の様式』（誠信書房、一九九一年）のなかに、免疫学の専門である多田教授の「個体の生と死」（一一四―一三二頁）という論文が寄せられている。そこに次のような論旨が述べられている。個々の細胞の相互作用や内部環境への適応、さらに偶発的な事件が取りこまれて選択されていく、いわゆる自己組織化の過程の存在が知られている。このように自己組織化していく個体の成立要件は、基本的には自己同一性にあると考えられる。個体の生命は、自己を形成し、自己のインテグリティを維持するシステムである（一一六―一一七頁）、という。そしてニワトリとウズラの細胞交換によって生ずる恐るべきキメラの実験報告が紹介されており、きわめて説得的である。さらに次の発言はとくに留意すべきであると思う。「身体的に自己を規定しているのは免疫系であって、脳ではない。脳は免疫系を拒絶できないが、免疫系は脳を異物として拒絶する」（一一七頁）。先に述べたホメオスタシスが、この論文では自己同一性として捕えられている。

（9）「普遍の智慧――ことばが生まれつづく」（季刊『仏教』7号、一九八九年五月、法藏館）。

（10）ポール・デイヴィス『ブラックホールと宇宙の崩壊』（松田卓也・二間瀬敏史訳、岩波現代選書、一九八三年、Paul Davies : The Edge of Infinity ―― Naked Singularities and the Destruction of Spacetime, 1981.『無限大の端――裸の特異点と時空の壊滅』）。

（11）註（9）参照。

（12）佐藤勝彦『宇宙はわれわれの宇宙だけではなかった――マザー・ユニバースとチャイルド・ユニバースの謎』（一九九一年、同文書院）。

（13）ホーキング『ホーキングの最新宇宙論――ブラックホールからベビーユニバースへ』

（佐藤勝彦監訳、一九九〇年、日本放送出版協会、Stephen W. Hawking : The Latest Theoretical Cosmology, 1984, Encyclopaedia Britanica)。

(14) ホーキング『ホーキング、宇宙を語る――ビッグバンからブラックホールまで』（林一訳、早川書房、一九八九年、Stephen W. Hawking : A Brief History of Time ―― From the Big Bang to Black Holes, 1988)。

(15) 同、二一七―二三二頁の撮要。

(16) 同、二一七―二一八頁、註(13)、一七〇頁。

(17) 註(14)、二二五頁。

(18) 註(12)、二二九―二三八頁、註(14)、一〇一―一〇八頁参照。

(19) 以下、四つの力それぞれについては、主として註(14)、一〇一―一〇五頁参照。

(20) この箇所は、註(13)、一七〇頁、註(14)、九七―九八頁参照。

(21) この箇所は、註(13)、一七二頁参照。

(22) この箇所は、註(12)、一三一―一三二頁参照。

(23) 註(14)、七八―八〇、一二二頁。

(24) 註(12)、五五―五六、一九六―一九八頁。

(25) 同、五五―五九、二〇一―二〇七頁。

(26) 同、六三―六四頁。

(27) 同、四四―四九頁。

(28) 同、二〇一―二〇七頁。
(29) 同、六〇、二二二―二二三頁。
(30) 同、二二四頁、註(13)、六九頁、註(14)、一八一頁。
(31) 註(14)、一八一―一八二頁。
(32) 註(12)、二二四―二二五、註(14)、一八五頁。
(33) 註(12)、二二五―二二六頁。
(34) 註(14)、一八六、一八八、一八九―一九〇頁。
(35) 註(12)、二二七頁。
(36) 『新しい仏教の探究』一六―一七頁(一九九〇年、大蔵出版)。
(37) 『旧約聖書』「創世記」一・一―八。
(38) 『老子』第一章。
(39) Abhidharma-kośa-bhāṣya, p. 179[11-12], Pradhan Ed.
(40) 「ブッダとオカルティズム」(『宗務時報』82所収、一九八九年、文化庁文化部宗務課)参照。各宗教間で歴史的にも、オカルト的神秘によって、当人の目覚めを価値づけようとしている試みが非常に多い。戒むべきである。
(41) 註(12)、一五二―一五三頁。
(42) 四つの力のそれぞれの特徴、並びにそれに対応すべきものについては、本論文の「超大統一理論の構想」「それに対する着想」を参照。

(43) 註(12)、一四〇頁参照。

(44) 同、「まえがき」、二二一、二二八頁。

(45) 註(8)の後半参照。多田富雄教授の発言である。

本書の成り立ちについて

玉城康四郎先生は一九九九年一月十四日、八十三歳で亡くなられた。本書は、先生が死の直前まで書き継がれ、さらに加えるべき新たな構想を持っておられた最後の著作である。

先生は、一九九三年十一月に小社より『生命とは何か―ブッダをとおしての人間の原像―』を刊行された後、宗教と科学の両面から、より広く深く生命の本質を探究し、そこに現代においては対立するかに見える宗教と科学の一致点を見出すような一書を構想された。その際もとになったのは、一九九二年二月に著わされた長編論文「宗教を超える真理と科学」（雲藤義道先生喜寿記念論文集『宗教的真理と現代』教育新潮社、所収）である。この論文の前半部分に全面改稿を施したものが本書の第二章から第四章までにあたり、そこまでは生前に成ったものである。その後、先生が亡くなられて三カ月ほどして、冒頭に加えるべき遺稿を治代夫人が発見された。それが本書の第一章である。第五章と六章の科学を論じた部分については、まったく新たな構想を得たことを、死の直前に夫人に語っておられるが、それを著わす時間は残されていなかった。それゆえこの二つの章は、もとになった論文をそのまま掲載している。

本書は先生が企てられた書物の最終形態ではないが、しかしその目指された方向は明らかであり、「仏教」よりも「仏道」を求めたこの稀有の求道者の今生における到達点を鮮やかに示すものとして、治代夫人の許可を得て公刊するものである。

法藏館編集部

解説

わが師、玉城康四郎　求道の生涯

丘山　新

本書の著者、玉城康四郎師、その圧倒的な存在感を、師に直接会ったことのない読者の皆さんに、どのように伝えられるのだろうか？

師の書かれた『悟りと解脱』を文庫本化するにあたって、その解説を書くために、久しぶりに書庫から懐かしい『悟りと解脱』を取りだして、繰り返し読む。おかしな事だと思われるかもしれないが、人生には同一の人物との出会いが一回ではなく幾度か繰り返され、そのたびに新たな出会いの感覚をもつことがある。直接の出会いであれ、書かれたものを通してであれ。そして私は今回もまた、あらためてお師匠に出会えた。出会いとは、共感でもあり、そしてつねに人生の根源に問いかけてくるものである。

本書の内容解説に先立ち、個人的な師との思い出をも交えながら、師匠玉城康四郎の姿の一片をお伝えすることによって、一見難解そうな本書を手にしてくださる読者のかたがたに、少しでも親しみをもってお読みいただければと思う。

玉城康四郎師は、長年にわたり東京大学で仏教学の研鑽を積まれ、その後も東北大学、日本大学などの教授として研究教育に携わり、また実に多くの著作を残しているが、それは師の本領の一部でしかない。師は世間でいうところの学者の範疇をおおきく超えている。

「私は学者ではありません、行者です」と師は私に語られた。

師は、詳しくは本書の第一章三「重大問題に対する回答――私自身の禅定――」から知られるように、熊本の浄土真宗の篤信の家庭に育ち、親鸞聖人に親しまれた。その後、ある理由で数人の優れた禅僧に師事し禅定に励み、六十歳近くになろうとしたとき、とうとうブッダのめざめである「ダンマの顕現」そのものを体験することになる。そしてその禅定は八十三歳で亡くなられるまで続けられるが、その境地は徐々に、あるいは時に飛躍的な深まりをなす。

玉城師の仏道の実践からすれば、師がひたすらなる冥想の実践者であることは必然であり、生涯求道の稀有の冥想の人であった。

「玉城は、眠っているか、冥想をしているか、どちらかなのですよ。」（師の隣に坐られた治代夫人が笑顔で語られた言葉）

また、中国旅行をした時、北京から西安に向かう夜行列車のなか、揺れる一等寝台車の下の段で冥想をしておられた師。上の段で休むことになっていた私は、一晩中、通路で仮眠するよりなかった。

したがって、師の私に対する指導も、一貫していた。初めての師との一対一での対面のときの言葉は、

「経典を読まなくては、仏教はわかりません。」

「禅定をしなければ、経典を理解することはできません。」

「仏道を学ぶとは禅定を深めて智慧を開発することです。」

しかし、師はまた「書く人」でもあって、学術的なものから一般向けのものまで、またその内容の範囲も、インドの古典や現代思想、中国や日本の仏教だけでなく、キリスト教やギリシャから現代に至るまでの西欧思想にも及ぶ。また本書後半にも収録されているように科学や医学にまで、その思索は拡がっていく。

「今の人たちには、私の書いたものはなかなか理解されないようだ。だから将来の人たちのために、できるだけたくさん書き残しておくのです。」

さて、本書の内容を概説する前に、初めての読者のために、読解のための鍵言葉を説明しておこう。

まず「全人格的思惟」について。これは「対象的思惟が、いわば頭脳的な思考であるのに対して、全人格的思惟は、頭も心も魂も、そして体までも一つになって営む思惟である。……」（本書一八頁）。この「全人格的思惟」は玉城師独特の言葉であり、詳しくは当該箇所を読んでいただきたいが、「禅定」、あるいは「冥想」とほぼ同内容と考えてよいと思う。特に、師は、仏教的な「禅定」よりも、さらに広義な「冥想」を好んで用いていた。特に、「瞑想」ではなく「冥想」を使うのは、「瞑」は目を瞑るイメージが残るのに対して「冥」は本来「奥深さ」を意味するからであろう。

もうひとつ「業熟体」について。玉城師といえば、人はまずダンマを思うであろう。それは確かなことではあるものの、それと同じほどに重要な言葉が「業熟体」である。詳しくは、本書の六二頁から六三頁にかけて、あるいは、第三章一「業熟体」を熟読していただきたい。師が仙台の地で、この業熟体を仏典のなかから見出し、思想的に論じたのは、特筆されるべきことであると指摘しておこう。この業熟体は人間の根源態ともいえるものであり、唯識思想の阿頼耶識へと展開し、さらには親鸞聖人の宿業の思想にまで通じる、全仏教史を通底するものである。詳しくは幡谷明『大乗至極の真宗――無住処涅槃と還相回向――』（一～四頁）などを参照していただきたい。

本書は玉城康四郎師の最晩年、八十三歳での逝去直前まで書き継がれた遺稿である。貫かれているのは「行」の人としての実感であり、それを基に東西哲学・宗教・思想をまたぐ悠遠な思惟を紡ぐ。

第一章《解脱への道》冒頭で語られるように、その根幹は禅定の体得であるが、それは若い頃から「生きているということの不安に悩み、おびやかされ」る自分が基点だ。八十歳を超えた師のその赤裸々な告白と到達した境地に、仏教学者にとどまらぬ特異な思想人としての在り方が示されており、本書を独特な輝きで包んでいる（この章は死後、夫人により発見された）。

その「境地」すなわち師の禅定をまず押さえておく。戦前、若き悩みにおびやかされ臨んだ結跏趺坐のある日、「突然、大爆発、木端微塵、茫然自失した。（中略）ハッと我に帰った瞬間に、腹底からむくむくと歓喜が燃え立ち、全身を包んだ。これこそ、長い間求めてきた解脱であり、手の舞足の踏む所を知らなかった」が、この歓喜はやがて失せる。ますます専念のうちこうした爆発の大小を度々経験、戦中、戦後なおも禅定を続けて六十歳近く、ブッダ開悟直後の第一声に遭遇、「ダンマが私自身に顕わになった」。ダンマとはこの時「まったく形のない、いのちの中のいのち、いわば純粋生命とでもいう他はない」ものであり「如来」そのものでもある。六十〜七十代後半は念仏三昧を続け、入定し、如来が顕わになる回数は増えても地獄のどん底に沈むこともあり、「歓喜と絶望との激しいゆれ動きの中に過ぎていった」。が、七十八歳の年の暮れ「不図、気がついてみたら、求める心がポトリと脱落していたのである」。「以来、入定ごとに如来は自然に顕わになり、浸透し、通徹しつづけた。そして、どこまでも深く通徹して息むことがなかった」。それから四年ほど、「八十三歳の誕生日を迎える約一ヶ月前、突然、如来の通徹する方向が逆になったのである。（中略）ダンマが、向きを変えて、私の全人格から限りなき大空間に向かって放散されるようになった。そしてこの状況はその後変わることはない。つまり、ブッダの禅定がそのまま私の禅定として定着したのである」。

とりわけ「大爆発、木端微塵、むくむく歓喜」「形なきいのちの顕現、人格体を通徹、そこからの放散、全宇宙を照らし抜く」体感は全章を通じ幾たびも繰り返し語られ、これが本書の根流となる。それをどう受け止めるかは読者諸氏、それぞれだろう。「体感」とは個々の心身に限られるから、読者に共感・憧憬・違和感・反発が生じて当然だ。

ともあれ、玉城はこの禅定からの体得からしか、東西の思想・哲学・宗教・科学世界を語らない。その体感からくる肉声の強さこそが、本書の魅力である。第一部第二章《仏道の原態》ではブッダの開悟を通し、「ダンマ・如来の無限活動」たる仏道原態が語られる。第三章《仏道の基幹線》では無明に覆われ渇愛に結ばれる衆生の「業熟体」、すなわち生の根源態を見る。そこから仏道の基幹線たる「初地・中地・終地」の三地を説き、「終地から未来へと踏み出す決断と実践が生まれてくるのである」。第四章《宗教を超える真理》は、東西の四聖、ブッダ、キリスト、孔子、ソクラテスの「全人格的営み」を眺め渡す。ブッダの「禅定」、キリストの「祈り」、ソクラテスの「神の声」、孔子の「天命」いずれも「この現実の世に、形なきいのちを言動によって実現」しており、人間の本来的原態、真理が証されているとする。

さて、興味深いのは第二部をなす第五章《人類学とヒトの特徴》と第六章《科学といのちとの和解を目指して》だ（ただしこの二章は一九九二年『宗教を超える真理と科学』をそのまま掲載。新たな構想があったものの、著されずに終わった）。四聖が証した真理、すなわち時代地域を超えた人間の課題を一つにまとめるなら「宇宙におけるヒト」である。科学的世界観と縁起説の酷似を指摘しつつ、ヒト独自の特性として「根源的静態と根源的動態」に着目、「ヒトにのみ可能であるいのちの顕現は静まりと動きとの活用によって促される」と結ぶ第五章。続く第六章での跳躍ぶりは、その体得に支えられての科学との照応で、入定を知る玉城の境地でこそ語り得る力技、まさに独壇場と言えるだろう。客観に依拠する科学をぐいぐいと己が境地に手繰り寄せ、自在に結ぶ「和解」ぶりはほとんどアクロバティックだが、章冒頭での宣言はこうだ。いささか長いが引用する。

「全人格的思惟における目覚め、言いかえれば、舞台裏から表舞台へのいのちの訪れ、さらに言いかえれば、いのちそのものの私自身の生体における発現。これこそ全人格体の実証そのものであり、即物的でさえある。科学もまた、パラダイムを転換しながら観察から実証へと進んでいく。いのちの発現も科学も、つづまる所は同じ実証そのものである。長い歳月はかかるにしても、科学といのちとがどうして和解しないことがあるであろうか」。論点は二つ。〈医学的生命といのちとの和解〉と〈科学的宇宙観といのちとの和解〉。

前者では大脳生理学における「ホメオスタシス」（人間の内部環境が一定の状態に保たれていること／いのちの保証）を手掛かりに、それが脳幹‐脊髄系に深く関わり、これが全人格的思惟の実践、つまり禅定と重なると言う。曰く、禅定の基本三原則「調身・調息・調心」は脳幹‐脊髄系である。さらに入定の都度必ずに「全人格体が、眉間の中央から後頭部に線を引いたその中間、すなわち脳幹‐脊髄系のあたりに集中してくる」から、このいのちの集中は数億年来の爬虫類、数千万年来の哺乳動物、数百万年来のホモ・サピエンスとも生命を共感しているのだ、と言う。一方で免疫学における自他の区別（他への対処）の働きを鑑みるなら、生命は脳幹‐脊髄系に限定されるのではなく、禅定における生命の全人格体に著しく歩み寄ってきている、との確信が表明される。玉城の実践哲学の真骨頂だ。

後者はまずビッグバン宇宙観である。ここでも、師自身の「自覚的に宇宙と融合し、宇宙と一体になる」全人格的思惟における実証をもとに突き進む。続いて物質世界としての宇宙を支配する四つの力、すなわち「重力」「電磁気力」「弱い核力」「強い核力」を「いのちの訪れ」に照応させる。重力は宇宙の親和力、電磁気力は自他の区別の厳しさ、プラスとマイナスの間の引力としての親和力の強烈さである。弱い核力はスピン粒子自転の中にヒトの根源的なる静態動態を照応させる。強い核力グルオンの持つ強烈な結合力は個体の確立を表すと。こうした「読み」により、「科学の側」の宇宙創生と「いのちの側」の宇宙通貫とを重ね、「いのちの側」はそれを確知していると断言しつつ、ゆえにいずれの日にか両者は互いを承認し合う（和解）と説く。この和解の新たな構想が記されずに終わったことはいかにも残念というほかない。

徹頭徹尾、「我が禅定での確知・実証」に貫かれた本書は、学者の平坦な比較宗教哲学思想論とは別格の「いのち」の躍動により、読者をもむくむくと噴き動かすのではあるまいか。

玉城師は、亡くなられるひと月ほど前に、最後の日記の一節に次のように記されたという。

「死後の修行にさしかかってきた。息を引き取った後の修行が大事である。それは騒音が少なく、もっと自然で自由で、もっとリアルである。神（原文のママ）の心と通じやすくなる」

治代夫人の言葉によれば、師は、その最期の日に、冥想に一時間ほど入られ、そのままベッドに横になり、往生なさった。そして、その顔は、夫人が師と出会われて以来、もっとも美しい顔であったという。まさにゴータマ・ブッダの入滅涅槃を彷彿させる往生である。

（浄土真宗本願寺派総合研究所所長）

玉城康四郎（たまき　こうしろう）
1915年熊本市に生まれる。1940年東京大学文学部印度哲学科卒業。東京大学文学部教授、東北大学教授、日本大学文理学部教授などを歴任。東京大学名誉教授。著書『玉城康四郎　仏教の思想』（全５巻・別巻１）『生命とは何か』（共に法藏館）ほか多数。1999年１月14日、逝去。

悟り（さと）と解脱（げだつ）
宗教（しゅうきょう）と科学（かがく）の真理（しんり）について

二〇二一年一月一五日　初版第一刷発行

著　者　玉城康四郎
発行者　西村明高
発行所　株式会社 法藏館
京都市下京区正面通烏丸東入
郵便番号　六〇〇-八一五三
電話　〇七五-三四三-〇〇三〇（編集）
〇七五-三四三-五六五六（営業）

装幀者　熊谷博人
印刷・製本　中村印刷株式会社

ISBN 978-4-8318-2619-0　C1114

法蔵館文庫既刊より

価格税別

さ-1-1
増補 いざなぎ流 祭文と儀礼
斎藤英喜著
高知県旧物部村に伝わる民間信仰・いざなぎ流。中尾計佐清太夫に密着し、十五年にわたるフィールドワークによってその祭文・神楽・儀礼を解明。
1500円

キ-1-1
老年の豊かさについて
キケロ著
八木誠一
八木綾子訳
老人にはすることがない、体力がない、楽しみがない、死が近い。キケロはこれらの悲観的通念を吹き飛ばす。人々に力を与え、二千年読み継がれてきた名著。
800円

た-1-1
仏性とは何か
高崎直道著
「一切衆生悉有仏性」。はたして、すべての人にほとけになれる本性が具わっているのか。日本仏教に根本的な影響を及ぼした仏性思想を明快に解き明かす。解説＝下田正弘
1200円

さ-2-1
アマテラスの変貌
中世神仏交渉史の視座
佐藤弘夫著
童子・男神・女神へと変貌するアマテラスを手掛かりに中世の民衆が直面していたイデオロギー的呪縛の構造を抉りだし、新たな宗教コスモロジー論の構築を促す。
1200円

て-1-1
正法眼蔵を読む
寺田透著
多数の道元論を世に問い、その思想の核心に迫った著者による「語る言葉（パロール）」と「書く言葉（エクリチュール）」の「講読体書き下ろし」の読解書。解説＝林　好雄
1800円

い-1-1

地獄

石田瑞麿著

古代インドで発祥し、中国を経て、日本へとやってきた「地獄」。その歴史と、対概念として浮上する「極楽」について詳細に論じた恰好の概説書。解説＝末木文美士

1200円

く-1-1

王法と仏法
中世史の構図

黒田俊雄著

強靱な論理力で中世史の構図を一変させ、「武士中心史観」にもとづく中世理解に鋭く修正を迫った黒田史学。その精髄を示す論考を収めた不朽の名著。解説＝平　雅行

1200円

な-1-1

折口信夫の戦後天皇論

中村生雄著

戦後「神」から「人間」となった天皇に、折口信夫はいかなる可能性を見出そうとしていたのか。折口学の深淵へ分け入り、折口理解の新地平を切り拓いた労作。解説＝三浦佑之

1300円

あ-1-1

禅仏教とは何か

秋月龍珉著

仏教の根本義から、臨済宗・曹洞宗の日本禅二大派の思想と実践までを体系的に叙述。難解な内容を、簡潔にわかりやすくあらわした入門書の傑作。解説＝竹村牧男

1100円

ほ-1-1

増補
宗教者ウィトゲンシュタイン

星川啓慈著

ひとつの孤独な魂が、強靭な理性と「神との和解」のはざまで悩みぬく。新発掘の二つの『日記』等をめぐる考察を縦横にもりこんだ、宗教学からの独創的アプローチ！

1000円

ア-1-1・2

評伝 J・G・フレイザー
その生涯と業績　上・下（全二冊）

R・アッカーマン著
小松和彦監修
玉井　暲監訳

大著『金枝篇』で世界に衝撃を与えた人類学者の画期的評伝。研究一筋の風変わりな日常から、出版をめぐる人間模様、悪妻とも評された妻との結婚生活まで。未公開書簡や日記も満載。

各1700円

い-2-1

アニミズム時代

岩田慶治著

森羅万象のなかにカミを経験する。その経験の場とは。アニミズムそしてシンクロニシティ空間論によって自然との共生の方法を説く、岩田アニミズム論の名著。解説＝松本博之

1200円

か-1-1

信長が見た戦国京都

城塞に囲まれた異貌の都

河内将芳著

同時代史料から、「町」が社会集団として成熟していくさまや、戦国京都が辿った激動の軌跡を尋ね、都市民らの視線を通して信長と京都の関係を捉え直した斬新な戦国都市論！

900円

や-1-1

宗教とは何か

現代思想から宗教へ

八木誠一著

理性と言語による現実把握の限界をどう超えるか。ニーチェの生の哲学から実存主義、さらには京都学派の哲学までを総覧し、現代人のための宗教に至る道筋を鮮やかに指し示す。

1300円

つ-1-1・2

平安人物志

上・下（全二冊）

角田文衞著

考古学と文献史学を駆使した角田の博識と推理が冴え渡る、41篇の人物伝。緻密な分析で、平安朝を生きた人々の数奇な生涯を鮮やかに描き出した、歴史的名著。解説＝山田邦和

各1700円

か-2-1

インド人の論理学

問答法から帰納法へ

桂紹隆著

インド人の思考法は、観察から法則を導き出す帰納法的思考であった。事実に基づく論証法がインドでどのように展開したのか。その淵源を仏教の縁起の教えに見出した名著。

1300円

た-2-1

悟りと解脱

宗教と科学の真理について

玉城康四郎著

徹底した禅定実践と学問研鑽によって仏道を求め、かくして到達したブッダの解脱に基づき、一切の枠組みを超えた真理を究明する。稀有の求道者の最後の書。解説＝丘山　新

1000円